東京・高井戸東遺跡の発掘風景。1976年、大規模調査が行われ、7枚の旧石器文化層が確認された

前期旧石器問題とその背景

はじめに

段木一行

二〇〇〇年十一月に発覚した前期旧石器の捏造事件は、日本の考古学界はもとより、多くの研究者や愛好家に衝撃をあたえ、その影響は多方面に渡りました。

それから半年あまりを経た二〇〇一年七月。法政大学文学部博物館学講座では、はたして日本における旧石器とは何だったのか、そして「事件」を多角的な視点から見てみようと企画展「旧石器展～道具の起源をさぐる～」（ボアソナードタワー一四階の博物館展示室）とシンポジウム「前期旧石器問題とその背景を考える」が開催されました。企画展は、学生諸君の手によってなされ、金山講師の指導のもとに進行され、資料の所有者をはじめ、考古学専門の方々のご指導やご協力を得て、展示することができました。

このシンポジウムには、今回の事件ではじめから批判的であった東京都教育庁文化課の主任・学芸員の小田静夫先生、ヨーロッパの旧石器研究者である東京都立大学教授の小野昭先生、そして日本考古学界の重鎮でもある國學院大學の小林達雄先生をお招きしました。また、今回の捏造事件は単に考古学界だけの問題ではなく、教科書の書き換えなど教育界にも無視できないほどの波紋を投げています。わが国の信頼をも失墜させるような国際的批判などもあり、その面から本学の教授である笹川孝一先生にも参加していただき、私は、文化財の問題、そして博物館の問題から、この捏造問題について意見を述べました。

本書は、このシンポジウムでの報告と討議をもとに、さらにマスコミや教育学などの分野でご活躍の方々に文章を寄せていただき、貴重な資料も加えまとめたものです。

この過程においては、捏造された遺跡のいくつかが発表されるなど問題の進展がありました。今となっては、その事実を受けとめるしかありません。いや、むしろその背景を私たちそれぞれが深く考え、読み、行動していくことが必要とされているものと思います。

本書では、そうしたいくつものヒントを見つけることができるでしょう。

目次

第二部　全体討論

第三部　わたしはこう考える～各界からの意見

第四部　資料編

第一部　基調報告

日本の旧石器と前期旧石器問題

小田静夫（東京都教育庁文化課主任・学芸員）

捏造発覚後の今日では捏造に関する新聞・雑誌・本等が多数出て、だいたい言い尽くされたので、そろそろ新たな方向性を模索しないといけないと思っています。もし前期旧石器、中期旧石器とよばれている資料が全てダメになった場合、日本の旧石器時代の歴史というものを、これから如何に再構築していくべきなのか。また、そういう事実が現在確認されつつあるのか、ということで資料を新しく作ってみました。

日本の旧石器時代の編年

まず、資料の一枚目はあとでスライドでお見せするのではっきり分かると思いますが、日本で四万〜三万五〇〇〇年くらい前から、今日までずっと人類が住んでいたとすればこういうストーリーができるということを図にしたものです（図1）。二枚目の資料は、この二〇年間、旧石器時代研究では、前期旧石器を一生懸命やってきて、捏造発覚後はその研究がバブルのように弾けてしまったのですが、後期旧石器といわれる三万年前から一万年前の研究分野では、全く問題なく二〇年以上、それこそ岩宿発見以来五〇年の歴史で研究が行なわれて来ています。

その成果は不動で微動だにしないものです。最近は若い人たちが、新しい遺跡でもっと詳しくそれを検証して、新たな編年が確立して来ています。そういう中で、四つの地域の基本的な遺跡から出土した石器群を石器の内容と層位的に並べてみると、人間の歴史がここから読み取れるということで作った資料です(図2)。

皆さんよくご存知のように縄文土器が出てくるのが一万二〇〇〇年前、それより以前は土器のない時代であります。それを図2で見ると、Ⅲ層とか細石刃とか書いてある部分で、ローム層(更新世)の一番上層部です。この層準が旧石器時代の一番新しい時期として、現在どこの地域でも同じような年代と同じような石器群が発見されています。

それより少し古い二万年位前になると、ナイフ形石器という特徴的な形態をもった石器群が、この四つの地域に登場します。それよりもう少し古く二万五〇〇〇年から三万年位前になると、こんどは磨いた石斧を中心にし、ナイフ形石器も原始的で加工が未発達なものが登場しています。やはり同じ地域に同じような石器群が確認されています。そうした石器群の下をもう少し掘り進めると、今度は磨製石器群でもなく、ナイフ形石器群でもない、剝片を中心にし自然礫をわずかに加工した石器群が発見されるのです。それが三万年から三万二〇〇〇年位の間に、この四つの地域でも確認されています。

そうした古い石器群の石材を注意してみますと、チャートという石材を使っているものが目立ちます。新しい時期には、黒曜石という鋭い火山ガラスが多く使われています。それと共に大きな石器は、砂岩を中心にして、大型石器に見合うような地元の石材を使って作られているというのが、今までの一番古い後期旧石器と言われている石器群の様相です。

では、もう少し深くシャベルを入れたら、本当に人間は住んでいなかったのか。あるいは、今問題になっている前期旧石器が顔を現わすのか、といった視点で発掘した地域は多数あります。武蔵野台地でも数多く掘ったし、相模野台地でもどんどん掘っています。有名な神奈川県吉岡遺跡群というのは素晴らしい遺跡で、この遺跡群の調査結果もやはり、武蔵野台地と同じような傾向を示しています。武蔵野台地の最下層の四万年前頃の石器群ではないかというものを調べると、こんどは小さな、ほんとに自然の礫の先端をちょこちょこと加工したような、わたしはよく「イモ石器」と呼んでいるのですが、イモみたいな形状をした礫石器がよく発見されます。

これは人間が作った道具か自然にできた道具かは、これから議論されていくといいのですが、やはり北関東でも出土しています。そして相模野台地でもやはり一番下層からイモ礫を使ったような石器群が出土している。また愛鷹・箱根地域でも同じものが出ているようです。

そうして、イモ石石器群より下層には全く石器の出土がなくなってしまう。そのような

図1　日本列島における旧石器文化圏

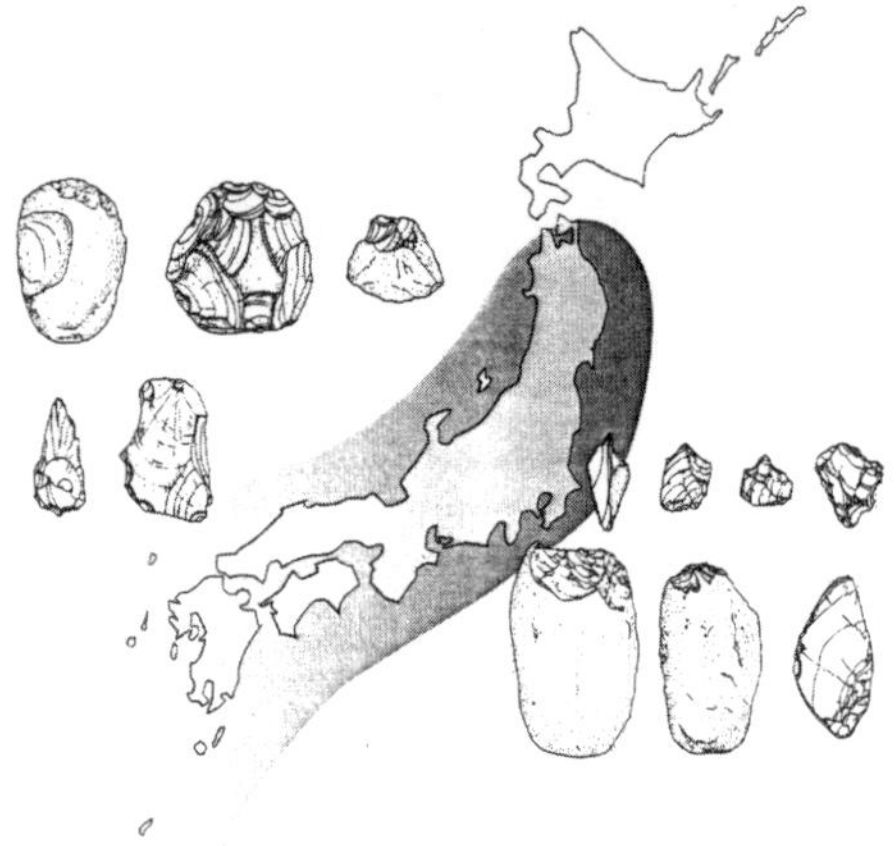

先ナイフ形石器文化｜4万〜3万5000年前

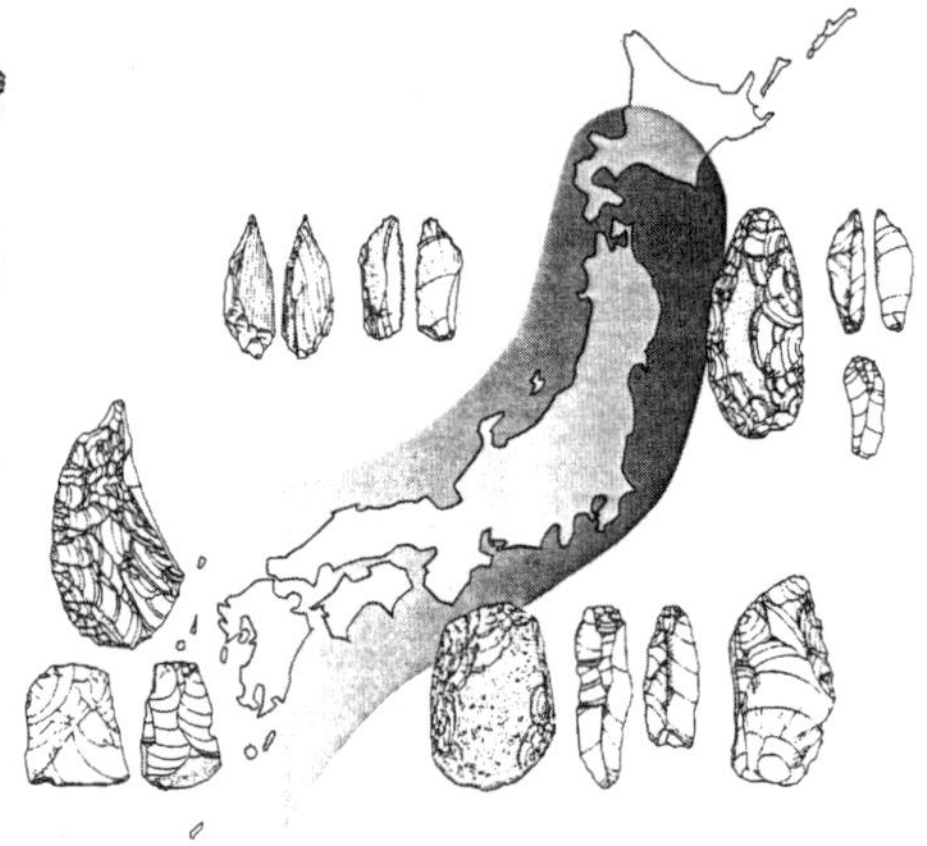

ナイフ形石器文化Ⅰ｜3万4000〜2万8000年前

ナイフ形石器文化Ⅱ｜2万7000〜1万9000年前

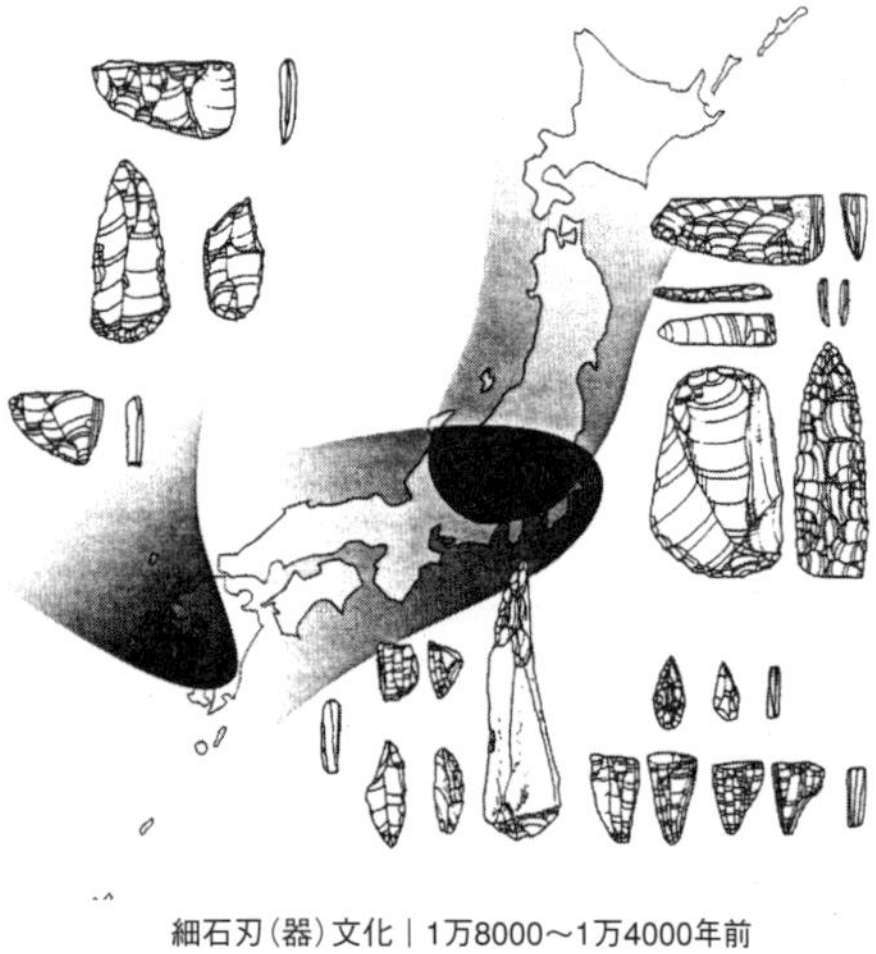

細石刃（器）文化｜1万8000〜1万4000年前

図２　日本列島中央部における旧石器時代の層位と石器群の様相

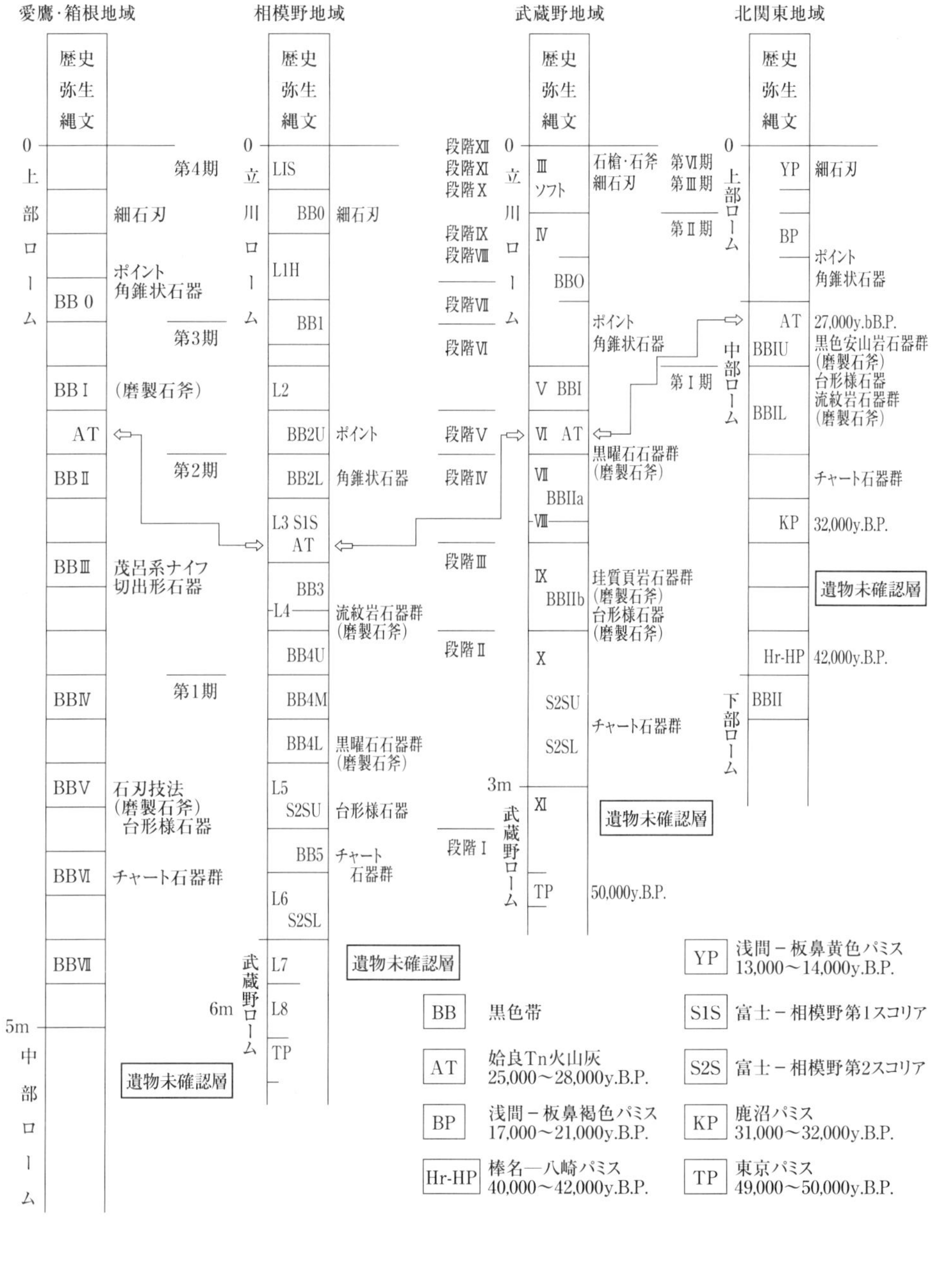

現象が、二〇年前にすでに分かっていたのです。つまり、一九七〇年代に確立した南関東地方最古の石器群とは違った方向で出現したのが、座散乱木遺跡であり、馬場壇A遺跡だったわけです。

ですから、三枚目資料（図3）の研究者による時代区分表をご覧下さい。後期旧石器時代より少し古いものがあるのではないかと言われだした一九八六年に、はじめて小林達雄先生が、日本の旧石器時代を新しい編年基準で国立歴史民俗博物館の研究紀要に発表しました。

その中で旧石器時代をⅠ期・Ⅱ期・Ⅲ期とし、Ⅰ期はもし三万年前より古い石器群があれば、それはナイフ形石器をもたない先ナイフ文化というような、ナイフ形石器を目安にして、より古い石器群の時期設定が作れるのではないかと小林先生が発表されたものです。その後、佐原真先生、鈴木忠司、岡村道雄、小野昭、安蒜政雄さんらが、およそ三万年前を基準にして、前期・後期という区分年表が出来てきたのですが、これは小林先生が最初の出発点だったわけです。小林先生は、前期旧石器時代という名称では呼んでいませんから、いわゆる旧石器時代という枠組みでⅠ・Ⅱ・Ⅲ期として、Ⅰ期はもしかしたら武蔵野台地のX層といわれている三万年より前の古い文化があればこういう設定ができるとし、先見性をもった編年だったわけです。

現在の編年観をみますと、これから我々はどのような旧石器時代の編年を作っていかな

図3　日本における旧石器時代区分の変遷と新しい区分の提示

①ヨーロッパ地域での旧石器時代基本区分

旧石器時代	3万年前	13万年前	200万年前
後期(上部)	中期(中部)	前期(下部)	
新人	旧人	原人	猿人

②岩宿遺跡発見以後の日本旧石器時代区分(ヨーロッパ地域の時代石器群編年と時代区分を参考にした)

芹沢長介(1962)	旧石器時代 後期旧石器時代	前期旧石器時代
芹沢長介(1962)	無土器時代	旧石器時代
杉原荘介(1965)	先土器時代	?(今のところ確認されない)
小田静夫・C.T.キーリ(1979)	旧石器時代 Ⅳ期／Ⅲ期／Ⅱ期(Ⅱb期／Ⅱa期)／Ⅰ期(Ⅰc期／Ⅰb期／Ⅰa期)	?(現在確認されていない)

③座散乱木遺跡発見以後の区分(藤村ねつ造石器群を編年基準にしていた－斜軸尖頭器(中期)、ヘラ状石器(前期)－)

小林達雄(1986)	旧石器時代 Ⅲ期(細石刃)／Ⅱ期(ナイフ形石器)	Ⅰ期(ナイフ形石器以前)
佐原　真(1987)	岩宿時代 Ⅲ期／Ⅱ期	Ⅰ期
岡村道雄(1990～2000)	旧石器時代　後期旧石器時代 旧石器時代　後期(細石刃、ナイフ形石器－後半・前半－)	前期旧石器時代 中期(前期新段階)／前期(前期古段階)
小野　昭(1992)	旧石器時代　後期(細石刃文化、ナイフ形石器文化Ⅱ、Ⅰ)	前期(石刃技法成立以前)
安蒜政雄(1997)	旧石器時代 岩宿時代(上部旧石器時代) Ⅴ期／Ⅳ期／Ⅲ期／Ⅱ期／Ⅰ期	座散乱木時代(中部旧石器時代)／高森時代(下部旧石器時代)

④新しい日本旧石器時代区分は、早く「藤村ねつ造石器群による編年区分」からの脱却を

時代呼称は	旧石器時代　岩宿時代　先土器時代　先縄文時代			
時期区分は	Ⅲ期	Ⅱ期	Ⅰ期	(遺跡未確認)
	後期		前期	(遺跡未確認)
	細石刃文化	ナイフ形石器文化Ⅱ・Ⅰ	先ナイフ形石器文化	(遺跡未確認)

ければならないのか。例えば、旧石器時代と呼ぶのか、それとも岩宿時代と呼べばいいのか、時期区分としたらⅠ期・Ⅱ期・Ⅲ期とするのか、またナイフ形石器以前・以後とするのか、ちなみに私は新期・古期をよく使っていますが、前期・中期・後期という区分はヨーロッパ編年の受け売りであり、原人・旧人・新人という人類の進化とあわせたアジア的でない編年と思っていますので、あえてそれを使う必要はないのではないかと考えています。

日本は、日本的な旧石器時代編年観をきちんと作ればいい。アメリカはアメリカの編年がありますし、中国や太平洋の地域でも独自の石器時代の名称を使っています。ヨーロッパの考古学をそのまま採用して、前期は原人、中期は旧人という形が、現在の捏造問題にも大きく影響して、日本にも原人が歩いていたという風潮がうまれてくるわけです。

前期旧石器の遺跡とされた発掘を検証する

前期旧石器遺跡の諸々のことを含めて、当時の珍しいスライドを見つけたのでお見せします。

これは宮城県仙台市の北方に流れている江合川の景色です。この丘陵地帯でたくさんの前期旧石器遺跡がみつかったわけです。

これが有名な座散乱木遺跡（スライド1）です。座散乱木遺跡、馬場壇A遺跡が発掘された

スライド1
座散乱木遺跡の火山灰調査（1983）。群馬大学の新井房夫氏による地層観察。一次的火砕流堆積物が厚く認められた。

スライド2
江合川流域の段丘断面。火砕流が厚く複雑に堆積しており、生活環境に適した層準は、表土から1m内外の浅い部分である。

スライド3
馬場壇A遺跡の発掘風景（1985）。1984〜88年まで第5次の発掘調査が行われた。この発掘には多くの大学生が参加した。

スライド4
馬場壇A遺跡の生活面（1985）。第20層上面から中期旧石器段階の生活面と石器が発見された。石器は、やや皿状に窪んだ状況で出土する。

スライド5
東京都野川遺跡の発掘調査（1970）。日本で最初の大規模調査、関東ローム層中に10枚の旧石器文化層が確認された。

スライド6
神奈川県田名向原遺跡の石器出土状況（1997）。相模野台地は層序も厚く石器群編年に適した地域である。石器、礫群、炉址などが楕円形に分布し、石器製作址、住居遺構と考えられている。

ときに「あの遺跡はおかしい、変じゃないか」ということで、地質学・火山灰学の町田洋先生（東京都立大学）、それから新井房夫先生（群馬大学）、杉原重夫先生（明治大学）と私の四人で現地の地質を検証に行きました。

この方は、新井先生ですが、AT火山灰がどの場所にあるかを分析していただきました。一番上が杉原先生で、新井先生、町田先生の順です。地層のひとつひとつ、こういう地層に本当に石器が入っていたのかどうかの検証を地質学と考古学の両面から行いました。これを観ると下の層が赤い。上が普通のローム層ですが、ロームのあたまが非常に撹乱されている。自然撹乱があるんですね。赤い部分は分析の結果、火砕流堆積物であることが分かった。二〇年前の当時です。火砕流であれば、人間が生活することもできないし石器が入るわけがない。そういう火砕流に石器が入っていた。これはおかしいと、わたしは批判したのですが、東北地方の研究者たちは火砕流堆積物がそのまま土壌化して二次的にそこに積もっているのだということを述べていました。そうした解釈は、我々の分析結果では受け入れられないものだったのです。何故かといいますと、火砕流と考えられている堆積物の中にガスが噴出した穴が認められる。ガスパイプという空洞部ですが、それは一次堆積物の証拠なのです。長崎県雲仙岳の噴火みたいにバァ～ッと火砕流が流れてきたときに石器が入っていたら溶けてしまうし、そこに本当に生活するような場があるわけがない、ということを火山灰学者の早田勉さんが当時言われた。しかし、その見解が受け入れられなかったということを、インターネット上で群馬大学の早川由紀夫先生が述べておられます。当時は地質学者からも大いに批判があったわけですが、それが無視されたという結果になってしまいました。

これは、江合川流域の台地の崖ですが、全部厚い火砕流の一次堆積物です（スライド２）。人間が生活する場所ではない、そういう堆積環境が江合川流域には広がっているのです。そういう所に次々と古い遺跡が発掘されるわけですから、これはハテナ（?）という疑問符がつくわけです。

ここも、これだけの火砕流が一度にドーッと積もっています。生活環境が非常に悪い場所と考えられます。こういう地域に本当に遺跡が立地しているのかな、というふうに考えさせられたスライドです。

これは有名な馬場壇Ａ遺跡（スライド３・４）ですが、ここにも検証にいきました。その時の珍しいスライドです。

これは発掘風景です。発掘している表面が非常に凸凹しています。わたしたちへの説明では、凸凹のところに石器が出る。窪みに出る。なぜそんな凸凹状に発掘をするのか不思議に思っていたんですが、ちょうど窪んだところに石器がポロッポロッと、全て分布している。それが最近、捏造が明るみに出るようになり分かってきました。だから、このスライドは非常に重要なことが記録されているわけです。

これがそうです。穴があって、そういう窪みに石器が発見される。平らな所からは出土しない。こうしたポッポッとある窪みに石器が入っている。それが等間隔に存在しているのです。だから平面図をみると、みんな石器がまばらに分布している。その窪みが何を意味するのか、まあこれは埼玉県秩父市の前期旧石器遺跡とまったく同じ出土状況です。写真を付け合わせれば分かります。

我々が関東地方で発掘するときは、こういう窪み状況には掘りません。平らに掘らなかったら石器の出土状況が分かりませんから。文化層の把握もこういう状況で掘っていたということが、なんと不思議な発掘であったかと、スライドを引っ張り出して、改めて感慨深く思い出されました。

もっと古いスライドですが、野川流域（武蔵野台地）で研究したものが、いま役立っています。そのためにもう一回お見せしますが、たくさん層位的に遺物がでるということです。

それを文化層ごとにみると、やはり東北地方・北海道は編年的に新しい。それが今また復活して来たということです。

これは相模野台地で、有名な相模原市の田名向原遺跡のものです（スライド6）。発掘が実にきれいで、もう完璧に近いものです。石器がちゃんと上下して出土しています。平らに出土することもなく、窪みには出ていません。自然の現象で遺物が上下に動いています。

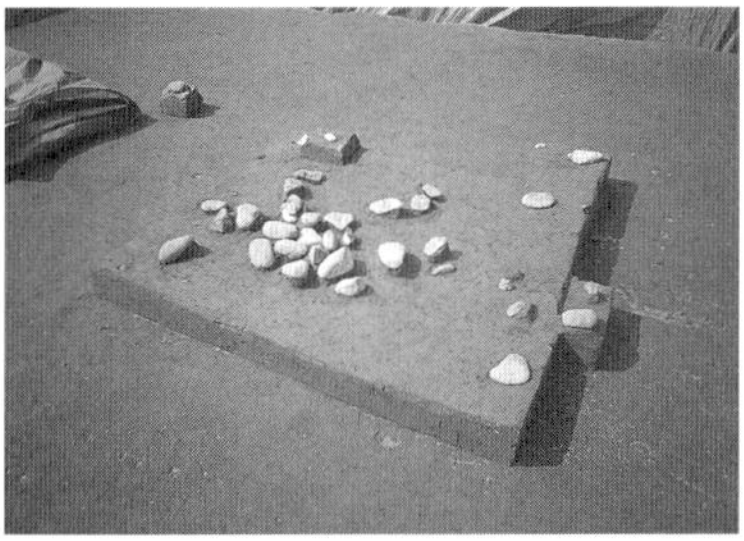

スライド7
礫群出土状況、神奈川県田名向原遺跡
（尖頭器文化期）

スライド8
炭化物片集中部と礫群、東京都高井戸東遺跡（第Ⅵ層文化）

スライド9
イモ石出土状況、東京都高井戸東遺跡
（第Ⅹ層下部）

スライド10
霜柱による礫の浮上、東京都はけうえ遺跡
（第Ⅳ層文化）

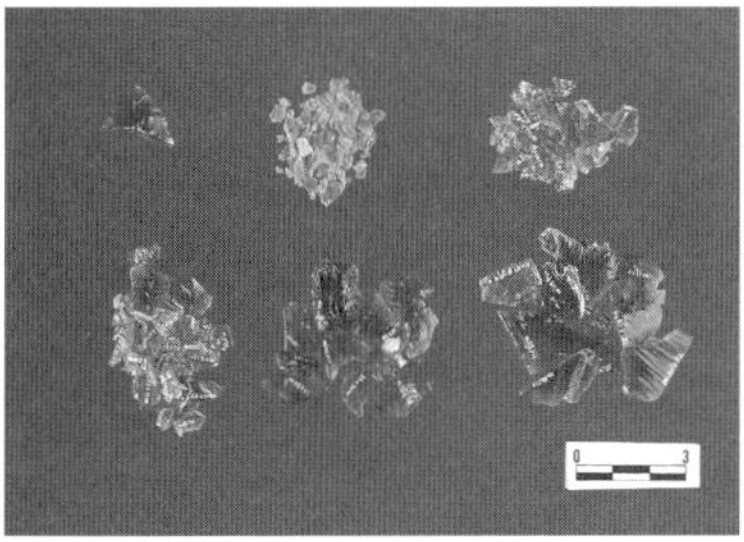

スライド11
石器製作剥片・砕片、東京都はけうえ遺跡
（第Ⅳ層文化）

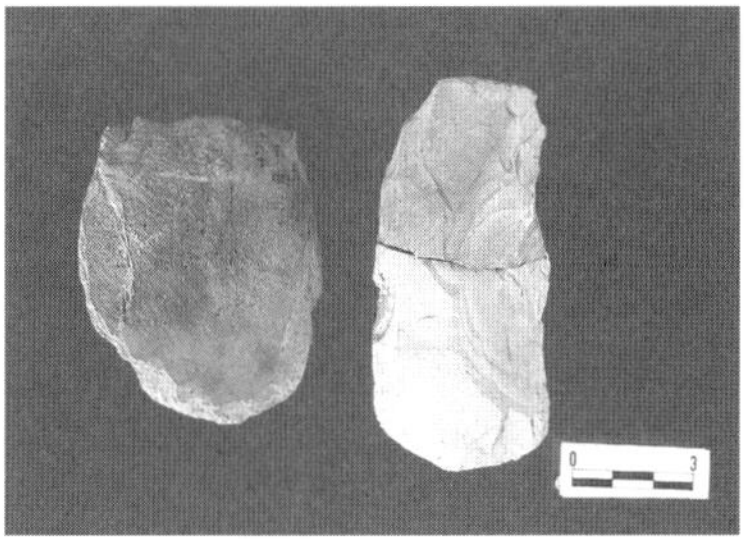

スライド12
斧形石器　東京都はけうえ遺跡
（第Ⅸ下層文化）

こういう出土状況が、遺跡として普通のあり方なのです。

これもそうです。礫群（スライド7）と呼ばれている遺構が、きちんとした形で出土している。素晴らしい発掘だと思います。

これもそうです。石器が垂直に出たり水平であったり、上下に移動していることが分かります。白い焼き鳥の串が炭化物の出土した場所（スライド8）です。真ん中に礫群と呼ばれる蒸し焼き料理をした場所があります。丁寧に正確に発掘すると、こうした人間の生活痕跡が原位置で残っているわけです。

これがイモ石という石器の出土状況（スライド9）ですが、武蔵野台地や相模野台地の一番下層部を掘ると、このように何百と多数発見されます。これは自然の礫層の礫が再堆積してロームの中に分布しているという状況ですね。だから、これは人間が生活した跡を示していない、自然分布だということが分かるわけです。

これは、霜柱によって石がどう動いたか（スライド10）ということです。冬季の関東地方ではこうした原因で石がちゃんと上下移動するわけです。

これは、一つの石器が見つかるとどれだけの剝片が剝離され、またはチップ、フレークが存在するか（スライド11）というものです。この一つの石槍を作ったときに、これだけの石片が打ち落とされている。こうした石片が出てこないのも変なのです。石器が見つかっているのに、石器製作に関した石片がどうなったのか。そうした事実も遺跡としての信憑性が問われるということです。

これは、石の斧（スライド12）ですが、三万年から三万二〇〇〇年ぐらい前に特徴的に出土します。だいたいⅩ層からⅨ層のところに出てくるわけです。そして、ナイフ形石器が出て、細石刃が出て、そして槍が出て、土器が出てくる。つまり、人間の道具の変遷が、武蔵野台地や相模野台地を調べると分かるわけです。

そういう石器群を年代順に並べていくと、やはりナイフ形石器から細石刃段階まで、層位的にきれいに並ぶということです。

これが細石刃、それから大型石槍の時期です。この段階にはおそらく土器が出てくるでしょう。そういうことがはっきりと年代的に確かめられるということです。

後期旧石器を細かく見直すことから、はじまる

日本列島にどこから人類が来たかという方向性を石器群の分布ごとに見ると、殆ど南のほうから人類が来ている。また、朝鮮半島のほうからも来ていることが分かります。北からの文化はないわけです。

次の段階に、少し北が入ってくる。この石刃石器群の時期になると、やはり北のほうが石刃作りに適している石材が多かったようです。この時期に「日本の東と西」という二大文化圏が形成されたわけです。

細石刃の時期も同じような東西二大分布圏を示すということです。縄文時代の草創期になると、北のほうから丸ノミ形石斧文化が流入し、南の方にも同じ丸ノミ文化が北上している。

差し上げた資料の分布図（図1）をみると、人間の動きが日本列島の中でスムーズに見えるということです。

最古の石器群の様相をみると、法政大学の博物館展示室にも展示してありますが、先を尖らせた錐のようなチャートを使った石器群が、三万年から三万五〇〇〇年前に日本列島にあるわけです。また、同じようにスクレイパーとかスクレブラと呼ばれているチャートを加工したナイフのような石器、ナイフのように使う、切る道具が出てくるわけです。それと共に、大きな河原石を先だけ加工した礫器が伴なう。こうした石器組成のセットが当時存在しているわけです。

このように日本の古期旧石器群を調べると、「スンダランド」という所から移動してきたことが分かります。五万年前に、新人がまずオーストラリアに拡散し、それ以降北に広がっていく、そういう人間遊動のコースが石器群を追うことによって見えてきます。

現在、日本列島内で旧石器人が見つかっている所を記すと、沖縄に集中する。それは石灰岩地域ですから、骨が残る。しかし、残念なことに、沖縄からは旧石器は一点も発見されていない。骨はみつかっているが、彼らの使った道具はないのです。

旧石器人の典型的な例として、沖縄で発見された港川人、山下町第一洞穴人などの化石人骨を見ていると、北方系よりいわゆる南方系の化石に似ているようです。我々の先祖はこのような南の形質をもった人たちが、三万年から四万年ぐらいの間に海を渡り、そして日本列島にやって来て定着した。それから日本列島の中で自分たちの石器を開発して、ナイフ形石器を誕生させ、それから槍をうみ、細石刃の文化を迎えて、そして草創期を経て、ずっと縄文文化が一万年も続く。そういう歴史が、今の「後期旧石器」といわれた資料を、細かくもう一回見直すことに依り、新しい様相が見えてきます。

駆け足でスライドをお見せしましたが、我々が新しい日本の旧石器時代を再構築しようと考えたら、後期旧石器をしっかりもう一度見直して、その上できちんとした研究をしていけば、まだまだ世界に通じます。そんなに日本の研究が遅れているわけではありません。旧石器も本当に素晴らしい研究が若い人たちによってどんどん進められていますから、目にウロコが張りついていないそういう人たちを応援していきたい、というのが我々の世代の願望でもあります。

ヨーロッパの旧石器と研究教育体制
～ドイツの例で考える～

小野　昭（東京都立大学人文学部教授）

日本で旧石器時代を学ぶということ

今回の捏造事件に関して、その問題の深さと広がりを考えるとき、旧石器時代を研究の対象としている我々が、評論家的な論評をすることはもちろん許されません。それぞれの立場で自分として何ができるのか、あるいはどうすべきなのかを真摯に考えるべきであると思います。

わたしは大学で研究教育に携わっている立場から、現時点での率直な考えを申し上げたい。まず最近、大学で感じることは、基礎研究を推進する面よりも教育の側面だけを強調する、という風潮が強まっているようです。しかし大学の場合、近代の大学観打ち立てたドイツの〝ヴィルヘルム・フォン・フンボルド〟の言にあるように、研究と教育という二つの面のどちらが欠けても、それはすでに大学ではないと思います。したがって、今回の事件を契機として、旧石器時代の研究あるいは教育はどうあるべきかを考えてみたい。なかでも中・長期的な視野のなかでどうすべきかを考え、その一端を申し上げます。

日本の考古学は、現在も含めて、日本史の研究のその延長で古く遡っていくという伝統が強く、歴史学としての考古学という位置づけになっています。そのため、最近の一部例外を除いて、多くの大学では文学部の史学科、あるいは人文学部の歴史系学科の一部に位置づけられ、そこで研究と教育がおこなわれています。それゆえ歴史学としての考古学という伝統が良い意味でも悪い意味でもできているのです。

それでは旧石器時代の研究についてはどうであるかというと、人文系の出身の研究者や学生・院生が巣立って仕事をする場合、当然そうしたバックグラウンドでやることになります。旧石器時代の研究に不可欠の隣接科学、たとえば骨学や古植物学、堆積学、第四紀古生態学といった分野を勉強する機会が少ない。「周辺の隣接科学」と捉えること自体、今日の大学での体制の現状に規定されているのです。各人がそれぞれ努力して意識的に勉強してはいても、大学の人文系の講座ではシステマティックにはなかなかカリキュラムを用意できません。せいぜい非常勤の先生を招いて講義を受けるといったレベルであり、自らが実習で山に入って地質図を描くとか、堆積環境を調べるとか、そういうことはなかなかできない現状なのです。

わたし自身も大学卒業後、黒曜石の産地分析など手とり足とりで教えてもらいながらいくつかおこないましたが、それぞれが個人レベルの努力でカバーしようとしています。しかし、それはシステマティックなものでないために、中途半端であったり、偏ったものになったりしやすいのです。

ドイツでの旧石器時代の研究教育体制

そこで各国と比較してみましょう。

中国や韓国では歴史学としての考古学という位置づけですが、アメリカは、人類学の中に位置づけられています。ヨーロッパはさまざまですが、ここでは「ヨーロッパの前期旧石器と研究教育体制―ドイツの例で考える―」とタイトルに掲げたように、ドイツの典型的な例を三つ取り上げたいと思います。

まず、次ページの図をご覧下さい。エアランゲン・ニュルンベルク大学の考古学研究所ですが、日本の平均的な大学の考古学の講座と似ていて数多くの考古学の講義・ゼミなどがあります。学部は哲学部に入っています。

ケルン大学の考古学研究所は歴史系に入っています。

マインツに本部を置くローマ・ゲルマン中央博物館は、保存科学部門が非常に著名で、例の五三〇〇年前にアルプスの頂上で倒れた通常アイスマンという氷づけになった男性が発見されましたが、その出土遺物の保存をおこなったところが、この博物館です。ここには多くの著名な研究所が入っていて旧石器部門もここにあります。ただし、旧石器研究所

〈ドイツの旧石器時代の研究教育体制〉

■ドイツ考古学研究所　（本部）　ベルリン
　ベルリン　｛ユーラシア部門
　　　　　　　オリエント部門
　フランクフルト　ローマ・ゲルマン委員会
　ミュンヒェン　古代史・金石文委員会
　ボン　　一般・比較考古学委員会
　国外支所　ローマ・アテネ・カイロ・イスタンブール・マドリード
　（本部、五支所、二部門、三委員会）〈外務省〉

■ローマ・ゲルマン中央博物館（本部）マインツ　〈内務省〉
　マインツ　保存科学部門
　＊他にもいくつもの考古学研究所がある
　ノイヴィート　旧石器研究所

■ケルン大学考古学研究所（歴史系）
　ノイヴィート　旧石器部門

■エアランゲン・ニュルンベルク大学考古学研究所（哲学部）

■テュービンゲン大学考古学研究所（原始・早史・中世考古学研究所）
　1　原始史・第四紀生態学研究所・・・・地質科学部
　【講義内容】　骨学　植物学　第四紀生態学　人類と環境　発掘
　　エクスカーション　コロキウム　旧石器　中石器　など
　2　原始時代後期・早史・研究所・・・・文化科学部
　3　中世考古学・・・・・・・・・・・・文化科学部
　＊古典考古学・・・・・・・・・・・・・哲学部

はマインツではなくて、ノイヴィートという場所にあって、じつは、ケルン大学の考古学研究所の旧石器部門がそこにもあります。同研究所にはボジンスキー教授がいて、ローマ・ゲルマン中央博物館の旧石器部門とケルン大学の考古学研究所の旧石器部門が一体的に実際の調査や学生の教育などの機能をよく果たしているといえます。

もうひとつは南のほうにある、テュービンゲン大学の考古学研究所です。ここは、ドイツ国内だけでなく、ドイツ語圏のオーストリアも含めて、非常に有名な研究所でして、アクティブに研究をやっています。同研究所は、考古学の研究所で、日本語に直訳すると、原始・早史・中世考古学研究所という名称になります。このなかに直訳すると、原始史・第四紀生態学研究室がありまして、地質科学部に所属しています。

また、原始時代後期、新石器時代以降の「早史研究室」と「中世考古学」は文化科学部に所属します。それからまったく別のカテゴリーで、ギリシャ・ローマを研究している「古典考古学」は、哲学部となっています。

原始史・第四紀生態学研究室は、これはおもに時代としては旧石器時代、中石器時代の研究をしており、学部は理学部です。そのためここで学位をとると理学博士となりますが、新石器時代以降は文化科学部、文化科学、精神科学という言いかたが伝統的にあって、文学部に入っています。

原始史・第四紀生態学研究室に、今年の講義要録を送ってもらったところ、骨学がありました。これはおもに発掘で出てくる動物で、とくに大形哺乳類の動物を中心にした骨学で、それ以外に植物学、第四紀生態学、人類と環境の関係史、そして実際の発掘があります。エクスカーションはヨーロッパですから結構遠くまで出かけることが多く、大学の研究室で、ドイツからルーマニア、ノルウェーまで足をのばし、いろいろな巡検をやっています。それから週に一回、各国から訪問してくる研究者を招いて、コロキウム（特定問題に関する専門家による討論会）を必ずやっていまして、わたしもここで報告したことがあります。むろん中石器、旧石器時代の研究に関する講義も多数あります。ですから、ここでは旧石器部門は理学部のなかの地質科学部、第四紀関係のところに位置づけられてうまく機能しています。

旧石器研究教育のシステムとしての確立を

それぞれの国や地域で伝統があり、どれが一番いいとか悪いとかの話ではありません。旧石器研究では、人間がつくったものだけでなく、人間の行動に関連した様々な非人為的な遺存体を含めてきちんと分析してそれを記述する、これが考古学の一番の基本であり、これがなくなったら考古学ではありません。加えて、当時の人間がどういう環境で、どういう生業を営んでいたのかを復原的に究明することが一つの課題です。動物骨や植物遺体も含めて、そうした研究が一番きちんとおこなわれているのが、テュービンゲン大学の考古学研究所であろうと思います。同研究所は地質科学部に位置づけられて、個人の努力ではなくて、研究教育のシステムとして確立されていて、とても能率的です。

さらに、日本の大学と違って特定の研究室に属していない学部直属の教官が何人かいます。その研究者が実質的に考古学の分野で仕事をしており、そういう長所を生かして取り組んでいます。こうした点は日本からみて羨ましくもあります。分業にもとづく協業のシステムができていて学問的な生産力は大変に高い。

いずれにせよ、今日では考古学という名前がついてはいても、その中身はじつに多様です。イギリスの著名な考古学者であったゴードン・チャイルドは、ロンドン大学を辞すときに『過去のいろいろな断片をかき集める』という本を著しましたが、その序文に「考古学はひとつである」と書いています。日本では『考古学の方法』という題で翻訳本がでています。Archaeology is one. 考古学という名前は確かにひとつではありますが、二一世紀の今日に至って、考古学はじつに多様であるといえます。旧石器時代から江戸期、あるいは近現代の五〇～六〇年前ぐらいも調査しています。そうした状況で、名称は考古学だけれども、その実態は非常に多様な展開をしているということです。

したがって、考古学という名称はひとつでもいいが、それぞれの目的、対象としている時代や素材にしたがって、もっと多様な棲み分けと展開があってもいいのではないでしょうか。それがわたしの主張でもあります。それゆえ、あるところに「旧石器時代の研究部門は、日本でも理学部に移したほうがいい」と書いたら、「考古学はすべて理学部にいくべきだ」と主張しているとの誤解を生んだようです。わたし自身、そうした発言は一度もしたことはなく、当初から「考古学の実態にあわせて組み替えていくべき」との主旨でした。

かつて一九七〇年代に日本第四紀学会は国立の第四紀研究所の設立を要望し、学術会議でも答申が通っています。横浜国立大学を候補に、設立の勧告もでましたが、まったく実現せずについに取り下げたという経緯があります。

したがって、現在の大学の体制の中で直ちに大胆な組み替えが可能かといえば、堅固な縦割りの実情をみてもすぐには実現できないでしょう。可能性と実現性の間にはまだ埋めなければならないいくつものハードルがあります。それぞれが横断的なプロジェクトを組んでやっているのが現状で、多くは数年単位で組んだり、解散したりが続いています。

現状では、それほど差し迫った問題ではないように見えますが、国際会議などの場面で、多くの研究者と議論を闘わせるときには各人がもつバックグラウンドがかならずすぐにでてきます。わたし自身の経験からいえば、動物などの分類学の基礎や堆積学の基礎などをもっと若いときに実践をふまえて徹底的に学んでおくべきだったと思います。黒曜石の分析や骨学などは独自にやってはきましたが、中途半端な感は否めません。

旧石器時代研究の中・長期的な視野に立ったとき、どういう素質をもった若い研究者を育てるかという問題が起こってきます。これまでは個人的な努力にのみ依存してきた感がありますが、やはりきちんとした教育体制を整備すべきなのです。ただし、理学部一般ではなく、第四紀学関係の大きな講座、あるいは研究所をつくるべきだと思います。理想は理想としてきちんとかかげ、それらを実現していくためにどのような努力をしていくべきかという現実的な問題に取り組む必要があります。今回の捏造事件を契機にして、中・長期的な視野に立ったそうした努力と方向をさぐる必要があるのではないかと思います。

もちろん、それで捏造問題が解決するとか、再発を防ぎ得るなどと甘いことを考えるのではありません。今後のためにひとつの問題提起としたいのであります。

前期旧石器問題の社会的状況

小林達雄（國學院大學文学部教授）

最初に旧石器文化の研究の流れをお話し、そのなかからどのようにして「前期旧石器問題」が生まれてきたのかをふり返り、その意味するところを考えてみたいと思います。

旧石器文化の研究というのは、日本列島という離れ小島に人類が、いつ生活舞台として幕を明けたかという、日本の考古学にとって極めて重要な課題です。日本列島における人類、文化の起源の解明は、日本の局地的な問題にとどまるものではなく、アフリカを出て世界に拡散していった人類の足跡を具体的に辿るという世界的な関心事でもあります。

「前期旧石器問題」もこうした状況の中に位置することをまず確認しておく必要がありま す。さらにこのことは、たしかに純粋に考古学上の問題でありますが、もうひとつ社会的問題がかかわっており、なかでも私が注目したいのは、教科書への掲載など社会的認知の早さです。この事実を見逃すわけにはいきません。

さて、日本列島における文化の起源解明のための研究は、ご存じのように大森貝塚から始まります。明治一〇年、米国のエドワード・シルベスター・モースが大森貝塚を発掘して以来、次第にその内容が明らかにされて、日本列島における歴史上の縄文時代に位置づけられてゆくのであります。そしてその縄文時代はいつ頃から始まって、どんな土器や石器を使っていたのか、それがどのような変遷を経て、つぎの本格的な農耕をもつ弥生文化につながっていくのか、というそういう研究が続けられてきました。

そして明治の後半になると、縄文文化は大陸からやってきたのか、やってきたとすればいつからなのかという、いわゆる縄文時代の年代を見極めようとする気運が生まれてきます。その一方で、日本の文化は縄文時代になってから始まったのではない。その前に旧石器文化があったのではないか。その可能性はきわめて高いという仮説がでてきました。

というのも、すでに絶滅しているナウマンゾウやオオツノジカといった大型獣の化石が日本各地で発見されていたからです。これら大型動物が群をなしていた時期とおなじ時代に、人類も活動をしていたことは、十分にわかっていました。その大型動物が日本列島にきているわけですから、人類もまたやってきているに違いないという仮説の成立の蓋然性は極めて高いと予測されて、旧石器文化の問題が積極的に俎上にのせられたわけです。

最初は英国からやってきたニール・ゴードン・マンローが、更新世という、いわば氷河時代の堆積物を本気で発掘しました。真夏の盛りに時間をかけ、人夫を雇って、一生懸命掘ったりしましたが、なかなか石器は出てきません。結局何トンという礫層を発掘し、その中からもしかしたら石器の可能性があるかもしれないという、七点ほどの石器を見つけたのです。しかし、半ば石器ではないと諦めてはいますが、彼の本には七点の怪しいとされる石器が掲載されています。

その後、ドイツから帰国した大山柏、それから直良信夫らが、おなじような仮説を前提として日本の旧石器文化の研究を始めます。今でこそ日本各地に二千にものぼる旧石器の遺跡が発見されていますが、当時その人たちはいずれも決め手となるような遺物を発見できませんでした。しかし、まったく気配もなかったかというとそうでもなく、松平義人や遠間栄治が集めていた石器、その中には現在の眼でみると明らかに旧石器のものも含まれていました。しかし、ちゃんとした裏付けとなるデータもなく、地表で拾ったというだけで研究は軌道にはのりませんでした。

研究者側では八幡一郎先生が、「どうも縄文とは一風変わったものがあるぞ」ということで目をつけ、縄文時代がヨーロッパの新石器時代というよりも、それより前の中石器時代のものではないかという可能性も視野に入れたりもしていましたが、それ以上の具体的な進展はありませんでした。

ところが、みなさんもご存じのように群馬県の岩宿遺跡で、相沢忠洋という一青年が、今までこんなところに人が住んでいたはずがないという火山灰層の中から石器を発見しました。まもなく昭和二四年、明治大学の考古学研究室が中心になって発掘し、旧石器時代のものらしいことが遂にわかったのです。たちまちのうちに地質学界、古生物学界を巻き込んで、学際的な検討がなされました。

しかし、ここで申し添えておきたいのは、この大発見に対して、発掘もきちんとおこない、しかも氷河期の堆積物の中から明らかに発見されたという事実をもってしてもなお、これに対する懐疑的な見方が長い間続きました。したがって、すぐには当時の教科書に載りませんでした。報告書は昭和三一年に出て、三五年に群馬県の史跡指定がなされています。そして三七年以降に岩宿遺跡は教科書に本格的に載りはじめ、全ての高校の教科書に載ったのはさらに遅れて昭和四〇年です。こうした事実はきわめて重要な点で、すぐには教科書に登場しなかったことに対して、今日われわれが問題にしている「前期旧石器」は、たちまちのうちに教科書に載ったりするという経緯を知ることができます。

平成六年に上高森遺跡が発掘されると、あっという間に世間に広まり、国立歴史民俗博物館に陳列され、そして文化庁が後押しする発掘速報展で前期旧石器の遺物として全国に巡回展としてまわり、みんなの喝采を浴び、これが一人歩き始めました。そして遅れてはならじと競って教科書に載るようになりました。

地域おこしやマスコミの問題なども複雑に絡みあっていますが、とにかく、岩宿以降も次々と新しい遺跡が発掘調査され、相当な確実性とみなされていながらも、教科書に掲載されるまで長い年月がかかったのとは対照的に、このたびの前期旧石器はあれよあれよという間に世間に浸透していった。これを比較してみることは重要です。

ただし、岩宿遺跡の教科書への記載の遅れに関しては、考古学者同士の大変人間くさいドラマが背景にありました。ひとつは教科書に載せまいとする動きがあり、その張本人は誰であろう、当時の大御所の山内清男だったのです。山内清男は岩宿遺跡には懐疑的でしたが、それは純粋に考古学的な検討、あるいは地質学的な検討、それらの成果を踏まえて反対したわけではありませんでした。それだけではなくて、あれは縄文時代の石器製造所である、といっていつまでもそれにこだわって譲らなかったのです。

その最大の理由は、岩宿発見の情報が、当時自他ともに認める、第一人者の山内清男に届かず、その周辺の人たちが彼を蚊帳の外において調査したということがあったのです。つまり、第一号の旧石器文化の遺跡の発掘である岩宿遺跡の調査にお声がかからなかったのです。日本列島の文化がどこまで遡るのかという問題について誰よりも関心をもっていたはずの、山内清男に情報がいかなかった。これについては彼は大変憤慨します。この問題については時間が許せば、何時間でもお話したいことなんですが、ここではそういう問題があったということを指摘しておくにとどめます。

ところで、そういう事情を背景としながら、一方では新しい年代測定の方法として、放射性炭素の年代測定という方法が日本に導入されます。そのときも山内清男は反対します。これは先ほどいった人間が学問しているというしがらみのなかから、意地になって反対していくのですが、優秀で天才的な山内清男はそれを意地で終わらせないために、一生懸命学問的に裏付けようとして、ますます縄文文化の本当の年代観から離れてゆく道を辿らざるを得なかった。そしてやがて悲憤のうちに先立っていかれる、そこに大きな悲劇をみるのであります。

一方、明らかに旧石器であるという遺跡が、全国各地で発見されるようになり、山内清男もそこは天才ですから、「これはやっぱり本物らしいぞ」と思って、自分を蚊帳の外においた人と手を結ぼうとした。それは握手をして過去のことは水に流そうというのではなく、一緒になって遺跡を発掘しようということでした。ところが、一緒になって取り組んだ遺跡が難しい遺跡であった。それまでに知られていなかった、当時もっとも古いとされていた縄文文化よりも、もう一段階古いもの、今でいう草創期の時代の遺跡であった。そこで土器と石槍がごっそりでてきた。

これについて、石槍は旧石器であり、土器は縄文時代のものだと解釈する芹沢長介に対して、山内清男は「そらみろ、土器と一緒ではないか」と、ちょうど旧石器に近寄りつつあったばかりなのにもう一度離れてしまう。最初の共同研究で取り上げた遺跡がややこしい遺跡だったという不幸が重なって再び両者は離れてしまい、もう二度と手を結ぶ機会を得ることなく、そのまま悲劇の幕は降りていくわけです。

しかし、山内清男は逆転満塁ホームランを狙っていた。そのおあつらい向きのものがでてきました。それが大分県の丹生遺跡で、山内先生のもとにこの丹生遺跡のニュースが飛び込んできた。それをみると古そうな石器、その形をみたら、研究者であれば誰もが東南アジアの前期旧石器であると判定するようなものでした。しかも、そこに化石がともなうというものでした。しかし、実際は化石と見られたのは化石ではなく、植物の根に付着して管状を呈する「高師小僧」でした。たまたま私が先生のところにいきますと、「おまえすぐ飛んで行ってこい」といわれまして、佐藤達夫先生と、まだ新幹線のない時代、指定席もなく汽車を乗り継ぎながら、先生と席を譲り譲られ、譲られると今度はいつ交替すべきかとそちらのほうに神経を使いとても疲れる長道中を今でも思い出します。しかし現場での調査ではこれという決め手も見つかりませんでした。

それをみた芹沢長介も、うっかり逆転ホームランを食らってはいけないと、彼もホームランを狙うわけです。それが佐渡の長木遺跡出土品の見直しであり、大分県の早水台遺跡や栃木県の星野遺跡などの登場につながるのです。早水台遺跡では古そうな石器の一群があり、これこそは前期旧石器であると解釈したのです。さらに、岩宿0地点や向山遺跡などから発掘されました。

わたしは早水台遺跡は遠くて行けませんでしたが、ほとんどの遺跡、現場を見たり発掘に参加したのですが、全部これはダメだと思いました。それらは明瞭な人工物だとは認めがたいという立場でした。じつはわたしは芹沢先生には大変恩がありまして、石器のことは全部先生から勉強しました。けれども、これを石器だという芹沢先生にはどうしてもついていけませんでした。それで、わたし独りが反対して退け者になっていくわけです。それから旧石器についてはあまり発言しませんでした。

ところが、その後、みなさんご存じのように座散乱木遺跡がでてきました。座散乱木遺跡のものは石器でした。「あぁ、これで芹沢先生の求めていた前期旧石器にかかわりをもつようなものが出始めたのか」と思いました。以来、馬場壇Aや上高森遺跡出土石器群は、明らかな石器として容易に判断できるものでした。しかも、石器研究に積極的に取り組むグループによる発掘の成果であり、一部に異論もあったにもかかわらず、わたしはようやく理解の範囲に収まる一段と古い旧石器群として認め、サポーターの一人として、いろいろな形で応援してきました。

けれども、やがて同類の石器を出土する新遺跡が次々と発見されるようになり、しかもそれらが一〇万年単位で次々と古さを更新するに至り、「どうもおかしいぞ」と疑念が湧き始めた矢先に、事件を報道するテレビをみまして、愕然としました。そのとき、私の頭の中では、シナリオができあがりました。つまり、これまで出たものは、すべて駄目なのではないかという筋書きです。それからは、たちまち世を挙げて、張本人の関わった遺跡のシロクロの決着をつけることに邁進し、あわただしく動いてきております。

しかしながら、いろいろな問題がここに重なってきまして、これは考古学の世界だけの問題ですめば大したことはなかったのですが、冒頭の話のように、座散乱木遺跡以降の前期旧石器はあっという間に世間に広まり、教科書に載り、国立の博物館に陳列され、そして文化庁が先導する発掘速報展の目玉商品として、全国を巡回するようになった。いわば、検定教科書のお墨付きをもらったようなものです。

わたしは、検定教科書は大反対なのですが、それはそれとして、そういう背景があってこれが一人歩き始めました。みんなの喝采を浴びます。しかし、一言付け加えたいと思いますが、これをナショナリズムと重ねあわせながら、そしてことの問題を理解しようとするのは、ちょっと大げさであります。それとは別の問題で、実際にやっている人たちはそういうことは考えておりません。

もう一つ、地域おこしということが進んできました。これによって社会的な大きな問題となります。一方、これに加担しているのはマスコミでもあります。マスコミが悪いというのではなく、マスコミ自体はこれが役目でありますから、そのあいだをつなぐわけですが、それについていまさら、マスコミのこの点とこの点の報道の仕方が悪いということを指摘することはまったく無駄であります。「新聞記事というものは」という語り口があるように、新聞記事というものはそういうものなのです。しかし、今後は大きな問題、重要な記事は署名記事ということでぜひ報道してもらわなければならないだろうし、コメントをつける場合も、単なる感想ではなくて署名の文化欄や学芸欄を使って論じてもらう必要があるのではないかと考えます。

司会者の金山さんからは、さきほどこの轍を踏んで、過ちを二度と犯すことないようにというお話がありましたが、わたしには、それほどの希望的な観測は容易には見つからないと悲観的です。世の中には解決の見つかる問題と見つからない問題がある。この問題は解決の見つからない問題です。なぜなら、これは人間がやっていることだからです。人間という生物の限界である、そういう所業のひとつである、と感じている今日この頃であります。

文化財保護行政と博物館の諸問題

段木一行（法政大学文学部教授）

考古学については門外漢のわたしですが、さきほど考古学界の三人の先生方のお話をうかがって、改めて今回の捏造事件が大変な事件であったことを感じています。

わたしは長い間、文化財保護行政に携わり、現在も大学院では文化財学研究と文化財調査論という講座を担当し、学部では博物館学等に関する講座をもっています。そのため、文化財や博物館の立場から、今回の問題についてわたしなりの意見を申し上げたいと思います。

文化財の考え方が違う

文化財保護行政の問題として、文化財の考え方に世界と日本では大きな違いがあるのではないか。文化財という言葉が、日本で使われてから七〇～八〇年しか経っていない。最初の紹介は明治末から大正の初め、ドイツの哲学者リッケルの言葉で「プッエールゲッテル」（プッエール＝文化、ゲッテル＝財産）を文化財と訳してからですが、文化財という言葉が、国民の間に定着、認知されるのは、「文化財保護法」が制定された昭和二五年以降になります。

また、文化財の考え方も、たとえばドイツ哲学では、人間のつくりあげた文化的所産、いわゆる文学、芸術、宗教、科学、道徳、法制、経済、文化、その他人間がつくりあげたもの一般を文化財といっていますが、日本では文化財保護法によって指定された歴史的・文化的所産、および代表的な自然現象を指している場合が多いようです。

すなわち、日本の場合、文化財とは法律によって規定されているものや場所ということになるわけで、文化財保護法という法律で認知されてはじめて文化財といえる。その認知する最高権威が文化庁であり、文化庁が認知してはじめて文化財という言葉が使える状況にあるのです。こうした国や官が先行する法律体系があり、欧米とは違った日本の文化財に対する認識があったわけで、こうしたことが今回の捏造問題の底辺にあったのではないかと考えています。

文化財に指定するか指定しないかは別問題として、文化庁によって認知されたものは、定説のようなかたちで、国民のなかに定着していく傾向があるのではないでしょうか。文化財の主管省庁は文化庁であり、法律によって選択し、必要な手続きを経て文化財となるのであれば、当然のごとく文化庁の意思が強くはたらいていると考えていいでしょう。

今回の事件の関連でいえば、正式な報告書もなしに、そのことが教科書にも掲載されていた。教科書への掲載となれば、それは定説となるわけで、やはり法律の建前というものがその後押しをしたはずです。

さきほど小林達雄先生が指摘されたように、博物館では文化庁主催による「新発見考古速報展」が全国を巡って開催されてきた。ここに博物館との関連もでてきます。

これまで捏造問題については、間違った情報が流布されたのはマスコミの責任が大であるといわれてきましたが、マスコミばかりでなく、文化庁や博物館の側でも自ら反省する必要があると考えています。

すなわち、情報が一方的に流れるのが教育の必然的な一側面ですが、その流される情報の発信が文化庁、いわゆる法律に裏づけされたものであり、もしもその情報が間違っていた場合は、受ける側の市民一般にはその間違ったままで導入されてしまいます。国家によって間違った情報が選択され、その選択された情報が一方的に流されるのであれば、それは戦前の教育とまったく同じであります。すなわち、戦前の教科書に神話が定着したことは誰もが知っている事実であります。学界が承認したうえで教科書に掲載されたわけではなく、国家による天皇制確立政策の教化でありまして、学界定説とは無関係でありました。今回の旧石器問題と共通する点が多く、危険性の高い何かが感じられるところがあります。

今回のように捏造に関連する、たとえば五〇万年前とか三〇万年以前の遺跡があったとする主張があれば、反対意見も必ずつけ、その選択は市民自らがおこなう。情報は選択して提供するのでなく、複数の意見を提供し、市民がそれを学習のなかで選別していく。それが本当のデモクラシーであると思います。

文化庁主催の「新発見考古速報展」をどうみるか

ここ数年、文化庁は「新発見考古速報展」を、各地の主要博物館において移動展示という方式で開催しています。わたくしも先日、江戸東京博物館での移動展示で、文化庁次長が挨拶のなかで「延べ四八回になる」ということを話していたと思います。それだけの実績をもつ移動展示で、昨年の捏造問題がでてきた展示になりました。

いわゆる二〇〇〇年度の主として移動展示用のカタログ用に刊行された『発掘された日本列島展』で、五〇〇万年前と称する小鹿坂遺跡の出土という石器が本文の一ページに載っています。このボアソナードタワー一四階の法政大学博物館展示室にも展示してありますので、見ていただきたいと思います。次のページには、埼玉県の長尾根遺跡の速報があります。それには三五万年前の石器ということで紹介されています。これは権威ある文化庁編であります。博物館で販売しており、そこで購入しました。

ご存知のように、ともに捏造されたことが判明していますが、当時は多くの市民が圧倒的な感銘を受けたであろうと思われます。博物館が間違った情報をそのままノーチェックで、市民に流していたことは事実です。博物館は、国公立や私立を問わず、きわめて公的な性格が強い施設です。博物館で展示されるものは、揺るぎない権威のような性格が付与されるといううきわめて重大な問題を含んでいます。その点では、新聞・テレビなどのジャーナリズムのように、いやそれ以上に責任があると考えます。

独自のチェック制度

今回の場合、博物館として独自のチェック制度が確立していないところに大きな問題があります。間違った情報を市民一般に流したことに対して、博物館はどのように責任をとるべきなのかは重要な問題であると思います。独自のチェック制度についても、江戸東京博物館職員のなかから「文化庁がおこなっていることで、とてもクレームはつけられない」というつぶやきがあり、困惑した顔をされていました。いうならば文化庁という最高権威の重さは大変なものであると感じた次第であります。

江戸東京博物館では会場出口に三〇センチ四方のパネルがあって、昨年の不祥事のお詫びが記されています。来館者でも見逃した方々が多くいると思いますが、見えにくい場所になぜか掲示されていました。博物館の公開にはかなりの信頼度があって、来館者にはそれは正しいものと認識される傾向にあります。

昭和二六年の博物館法制定の当時、博物館は社会教育施設であるとの認識が一般的でありました。これは第一条に、博物館は社会教育施設であると明記されているからでありました。いわゆる社会教育であれ、教育ということで、情報が一方的に流されるシステムになっています。ここで選択された情報だけを流してしまうと、一つの観念だけを市民のなかに植えつけてしまい、戦前の教育と同じ過ちを生じる危険性があります。

生涯学習時代の展示のあり方

最近は、こういう社会教育時代から、さらに一歩脱して生涯学習時代に入っています。それは市民が主体になって学習をおこなう時代です。かつての受け手がこんどは主人公になるという時代の変遷を、わたくしどもは現在経験しているのです。市民に判断の権利が移行した。すなわち、複数の情報を提供して、情報の選択は市民自らがおこなうというのが学習ですから、当然、博物館の展示のなかには、問題提起というような展示のしかたもあってしかるべきであると考えます。

権威主義的「学習」観からの解放と生涯学習の役割

～「考古学リテラシー」を考える～

笹川孝一（法政大学文学部教授）

わたしは柴又に生まれて今もそこに住んでいますが、小さい頃、江戸川をはさんだ対岸の松戸の〝山〟で縄文土器がでました。友だちとそれを掘って、いっぱしの考古学者気どりで学校にもって行ったりするけど、空気に触れるとすぐにくだけてしまって、それをボンドや石こうでつないだりということを指導してくれる先生もいないまま、楽しんでいました。今思えば、遺跡破壊だったかなと思います。それと小学生の頃にシュリーマンの話を読んで面白いなあと思ったりしながら、そのへんに落ちている尖った石を拾ってきては「これも石器かもしれない」などと思いつつ宝物箱にしまっておいたりしたこともあります。その後も、近くまで行った折には遺跡や博物館に足を運んだりしますが、そんな程度のことを除けば、ほとんど考古学とは無縁な者です。しかし法政大学に勤めている立場から、話す機会をいただきましたので、「差し障りのある話」を少ししたいと思います。

ナショナリズムと征服史観への反発

さきほど小林先生が「ナショナリズムというのは大げさである」という主旨の発言をされましたが、直観的にわたしは「紀元二六〇〇年の再来だな」と思いました。「東アジア成人教育フォーラム」の役員を一〇年ほどしている関係から、日常的に韓国人や中国人、香港人、シンガポール人らと激しく楽しく見解を述べあっていますが、そこで感じるのは、彼らの強烈なナショナリズムの根底に「古いことはいいことだ」という強烈な意識があることです。たとえば、ある香港中国人に対して、「古いといってもインドネシアやフィリピンも古いし、中国が古いのは国家としてだけでしょう」と言うと、「そういう話ははじめて聞いた」とびっくりされたことがありました。つまり、「歴史」が古いといっても、中国ではそれは人間の生活事実の時間的積み重ねではなく、国家の歴史、文字に書かれた歴史のことなのです。

それ以前に人間がどういう暮らしをしていたのか、あるいはまだ人間は存在しないがどういう状態であったのかについてはあまり関心がない。ですから、中国では〝五〇〇〇年の悠久の歴史〟という言いかたをしたり、韓国でも「壇君神話」があって〝壇紀四三〇〇某《なにがし》年〟などと『東亜日報』につい最近まで書いてあった。一方、日本では、皇紀・紀元二六〇〇年であり、いくら頑張っても三〇〇〇年にはならない。

さきほど段木先生のお話から、石器が一〇万年ずつ前に遡って五〇万年前というのがでて、その発掘資金は文化庁誘導によって提供されたことがわかりましたが、仮にそうだとすると、北京原人は五〇万年前であり、どうもそこに一つのポイントがあったのではないかという気がします。

あとで小林先生から「そんなことは違う」という反論をいただければと思いますが、東アジアの中国文化圏あるいは儒教文化圏では「古いものはとにかくいいんだ」という固定観念、価値判断が底流にあると思います。

さらに舞台が東北だったことも一つのポイントのように思われます。昨日はじめて、今問題となっている扶桑社版の『新しい歴史教科書』を読みました。率直に言って、中国・朝鮮関連の記述についていくつかの点を除いて、わたしは受け入れ可能と感じました。その一つは「任那（伽羅）」より「伽羅（任那）」のほうが適切だろうという点です。わたし自身日頃から友人の韓国人の人々と大激論をしていますが、朝鮮が中国の服属国であったことは間違いない事実です。それよりも気になったのは、徹底的に征服史観であることです。つまり、ヤマト国家、もしくは日本という国家をつくってきたグループが西のほうから勢力を拡げて、そこに蝦夷征伐などもあったという見方です。すると東北は当時の政権から最後に征服されたところになる。東北地方の人間からいえば、「征服されてきた人間のつくった歴史観でもって、われわれは暮らすわけにはいかない」ということになる。ですから、東北人が三内丸山について非常に拍手喝采する気持ちはよくわかります。今回問題となったいろいろな遺跡が東北地方に集中していることも、東北人に強く支持されていたからでもあったと思われます。

石器は捏造されてニセモノだったわけですが、ナショナリズムという点から、また征服史観への反発という点からじつはニセモノでもホンモノでもよかったのではないか。われわれのなかにそういう心情がなかったかどうか。つまり、北京原人も古いが、日本もなかなか捨てたもんじゃない。東北にも古いものがでる、東北もなかなか捨てたもんじゃない。そういう思いがなかったかどうかです。

観光「村おこし」路線の危うさ

観光「村おこし」的なことに使われていたことにも問題の根があったのではないでしょうか？　農村調査を三〇年くらい、長野や山形を中心にやっていますが、イエや嫁姑の問題をはじめ、その他いろいろな問題で、いくつかの村々については一度は滅びなくちゃだめだ、そこから再生すればいいと一部の役場の人たちとも語り合っています。たとえば、嫁取りの問題では、フィリピン人や中国人、韓国人の「嫁さん」がやってきていますが、自分たちの生活態度は変えようとしないで、「日本人の嫁さんがこないから、フィリピン人に金を出して来させる」という感覚が受け入れ側に、とても強くあります。自分たちを変えようとはしない村の維持のために、さまざまな補助金がつぎ込まれています。減反補助金などはその典型です。村がいまの状態でやっていけないとわかっていても、自民党の票田だから、それは確保しなければならない。そういう「補助金行政漬け」状態で、瀕死状態の村が維持されて、そこからは当然新しいものが出にくくなっている。

そうした状況のなかで石器が出て、これは観光に使えそうだとなったのではないか。自分たちの地域をトータルにみて、どう設計するかという話ではなく、とりあえず使えそうだからと、それを使って「原人○○」というような饅頭やモナカをつくるとか、安易な「村おこし」に使われていた。そういう意味でいえば、別に石器がホンモノであってもなくてもそれはどうでもよかったのではないか。要は手っとりばやく使えるものが出ればよかった、という感じがするわけです。

過去にロマンを求める

ここ一〇年以上も不況がつづき、日本の社会全体に閉塞感が強くあります。そのなかで生きていくためには「日本も捨てたものじゃないぞ」ということを感じたい。たとえば、女の子たちのグループで大人気の「モーニング娘」が、「日本の未来は世界がうらやむ」と歌っているし、「明日があるさ」の「新しい社長はフランス人…」という替歌もはやっています。「もうダメかもしれない」という不安のなかでの、「何とかしてそうなればいいなあ」という願望を代弁している。そういう全般的状況もあって、若者たちの間ではイニシエーションが非常に不鮮明になっている。ここで勝負しなくてはと自分で設定すべきなのに、なかなかうまく設定できない。するととりあえず、ロマンがほしい、物語りがほしいという気分になる。歴史を振り返ってみよう、となる。

テレビ番組では戦後日本のいろいろな技術開発をドキュメンタリーでまとめた、NHKの『プロジェクトX』の評判がいい。これまでも駅の自動改札機とか、魚群探知機、ドーバーのトンネルを掘ったシールド工法技術、クォーツの時計、日本初の液晶パネルなどを紹介している。若者の間でも人気が高いようです。戦後生きてきた人たちのように大きな夢をもちたい。しかし現実にはなかなか夢をもちにくい現状がある。そのようなロマンの一つとして古代史ロマンがあるように思います。

もう一つ、教科書問題が絡みますが、大東亜共栄圏問題がきちんと処理されていない。そのために、全部いいと言ってみたり、全部悪いと言ってみたり、自分たちに直接つながる現代史が評価しきれない。侵略がいいのか悪いのか、どこまでの侵略が悪くて、どこからがいけないのか。日本の近代化がトータルでダメか。いやそうでもない。マスコミ報道の問題もあると思いますが、なにか日本の近代化への否定的な評価に対して、モヤモヤした、すっきりしないものを感じている。そこがスッキリするということでも古代史ロマンはあるのではないでしょうか。

なぜ拡大したのか

捏造事件があり、それは「とんでもないことだ」と今語られているわけですが、そしてそうには違いないけれども、実はホンモノであってもニセモノであっても古いものが次々と発見されるということ自体は人々によって、ぼくは意外と歓迎されていたのではないかとみています。その心理状況とは何なのかを考えないといけない。「おそらくなくならない」と小林先生は言われたが、わたしはなくならなくとも、減らすことはできると思う。でも、放っておいたら減ることも少ないかも知れない。

第二の問題は、なぜ捏造事件が拡大したのかということに関して、「考えさせないで信じ込ませるという手法」が権威づけられて続いている面がある、という点です。

主体的な問題でいいますと、われわれ自身のなかにも、まだ権威主義的「学習」観が根強くある。たとえば、今でもわたしたちに強い影響をもっている『論語』のなかに、「学」という文字がたくさん出てきますが、この「学」とは権威づけられた本を読むこと、もしくは権威ある先生の話を聞くことです。自分で観察したり、自分で調査したり、事実と照らし合わせたりすることは、『論語』的世界のなかには、基本的に一切でてこない。そして、「習」とは、それが身につくほどくり返しくり返し練習することであり、習熟ということです。

そういうこともあって、権威ある文化庁、権威あるなんとか新聞社、権威あるなんとか大学のなんとか先生、そういう人たちが提示したことは、「まあこれはとりあえずいいのではないか」という権威主義が、まだまだ根強くある。ああいう権威ある人たちが言っているんだからとりあえずはいいのではないか、という心情あるいは発想です。

考古学リテラシーの問題

以上をふまえて、わたしが取り組んでいるリテラシーという教育学的な発想から述べみたいと思います。「考古学リテラシー」という言いかたはわたしも今日ここで初めて使うのですが、リテラシーという言葉はわりに便利な言葉です。もし「アーキオロジカル　リテラシー」が仮に成り立つとすれば、この問題から何が言えるのかを思いつくままに申し上げていきたい。

まず第一に、さきほど小田先生が言われた、石器の出土状況など全体状況の中で、石器の年代を確定していくという、年代確定そのものに関する考古学リテラシーです。これは事実認識としての科学の領域に入ると思います。

第二は、「古い」ということの意味、もしくは価値判断に関するリテラシーです。

さきほど小野先生はお話のなかで「日本・中国・朝鮮の考古学は歴史学としての考古学である」と言われましたが、これはナショナリズムの問題と関係があると思います。明らかに儒教文化圏における「国家の歴史が古いことはいいことだ」という問題に結びついて歴史学に所属しているのではないかと感じたわけです。

アメリカは人類学としての考古学だというお話でしたが、国家形成の歴史の古さではヨーロッパやアジアとアメリカは競争しようもありませんから、むしろ自然物の一つとしての人間、自然物の一員としての人類の歴史とみているということかも知れません。同時に古いものがいいという前提がないから、新しいものを創り出していくという点に価値がおかれて、その結果人類学に分類されているのかとも、想像できます。そういう点で言うと、全世界的に見れば比較的長い国家の歴史をもちながら、儒教文化圏では新しい国家の歴史しかない日本とか日本人は何を誇ればいいのか。つまり、古いことはそんなに意味があるのか、古いことはそんなに尊いことなのか、こういう問題ですね。

新しかったらいけないのか、そんなことは必ずしもないと思います。さきほど南のほうから人類が上がってきたというお話がありましたが、それは本来、人類の歴史の一部ですね。われわれは日本人ですが人類の一員であるわけで、なにも現在の国境で線引きされている範囲内で、古いからいいとか新しいから悪いというものではないと思う。むしろ人間がそこに住み着いて、何を工夫してきたのか、どういうことをやってきたのか、そのなかでみるべきものを強化すればいいし、それほどでもなかったら、よほど暮らしやすかったに違いないと考えるのが妥当だと思うのです。

中国人にはフィリピン人やインドネシア人を軽視する傾向が日本人以上に強くあります

が、それはなぜなのか。それは国家の歴史が短く、国家形成に関わる軍隊、官僚制度、建築、衣服、料理、文字などが相対的に未発達だったからです。しかしなぜ短いかといえば、食べ物が豊富だったから国家をつくる必要もなかった。食べ物をめぐって戦争をする必要がないから軍隊をつくる必要もなかった。国家が不必要だったから宮廷料理も宮廷音楽も、荘厳な建物や衣装もいらなかった。逆に、中国の大陸は遊牧民と農耕民が接する場所ですから、食べ物をめぐっての争いが起こる。そこで軍備も増強しなくてはいけないから、結果的に国家が大きくなる。だから、国家が大きいというのは、生活がしづらかったことの証拠で国家がないということは生活がしやすかったことの証拠だとも言える。そういう意味で、古い新しいというより、そこに住んだ人がどのような工夫があったのかなかったのか、という点に価値判断基準がおかれてよいのではないかと思います。

にもかかわらず、そこに人が住んだ過去の時間の長さや国家の大きさのみに、自分たちの権威を求めるという発想に、何の意味があるのか。いまの自分たちがどうしているのか、どういうことを未来に向けてやっているのか。そのときに過去をどう引き継ぐかというその観点を抜いて、たんに古いからすごい、新しいからたいしたことはないという発想は、本当に意味があることなのか。つまりは歴史をどうみるかという問題になると思います。

小田先生や小野先生が言われたように、自然物の一部として人間の歴史や生活史をみていくという観点を含めて、「古い」ことへの価値判断という面での考古学リテラシーの課題がある。

これと関係して、三番目には、東アジアにおけるインターナショナル・リテラシーです。北京原人との関係で言えば、北京からの遺跡や石器、人骨でも東アジアだからいいのではないか、なにも国境でもってこれは日本の遺跡、これは中国の遺跡、これは朝鮮の遺跡とする必要がある遺跡の古さを根拠に、だから日本人がすごいとか、中国人はすごくないとか、中国人が偉い、日本人が偉くないというようなことを言うことにどんな意味があるのか。そうではなくて、それは東アジアの人が移動したエリアの遺跡であって、そういうものとして受けとればいい。国境線でどこの遺跡、どこの遺跡と考えるのはあまりにも近代主義である。そういう点で二〇〇二年からEUが通貨統合しますが、東アジアはこのEUの誕生をどのように考えて、その文脈で遺跡とか考古学をどのように位置づけて直していくのか。そういう問題もあるように思います。

ではどうすべきなのか

さきほど述べた権威づけられたリテラシーとかメディアリテラシーに関する問題。これは、段木先生も言われたので省略しますが、とにかく権威づけられたものを鵜呑みにすることから脱皮する必要があり、これも教育、メディアの疑問をもつリテラシー、「クェスチョン・リテラシー」とでもいうものです。そして最後に、「地域づくり・リテラシー」です。

今度の遺跡捏造が「地域おこし」にでてくるときに、トータルに地域を設計するのではなくて、とりあえずの延命処置として位置づけられていることです。捏造を受け入れた人々が地域をトータルに設計する能力を欠いていた、あるいは育てていなかった。いろいろな地域のプロジェクトなどを会社の下請けに出す。そういうプロジェクト設計会社がもっともらしく村のデザインをする。そういうようなことが村の開発計画などには多いわけです。ですから捏造を受け入れない、見抜くためには、地域をトータルに分析してトータルに将来設計していく、そういう能力を地域の人々が培っていくことも考古学リテラシーに含める必要があるのではないかと思う。

最後に、小林先生は「やっている人間はそんなことを考えてやっていたわけではない。学者同士の面子争いなどがあった」と言われましたが、その観点からすると藤村さんが大学の先生でなかったことも、いろいろと難しい問題があったのかと思ったりもします。アカデミズムの、あるいは民間の考古学者にそれぞれ求められるリテラシーの共通点と違いを協力のあり方を含めて問う必要があるのかもしれないと思いました。

第二部　全体討論

全体討論の様子
左から、金山喜昭（司会）、小田静夫、小野昭、小林達雄、段木一行、笹川孝一の各氏

今後の環境づくりのための提言

金山　全体討論のテーマにつきましては、先生方が基調報告で出された見解をもとに「前期旧石器問題を踏まえた社会的な提言」ということに絞っていきたいと考えております。小林先生のご指摘では「こういう問題はなくならない」ということでしたが、笹川先生が言われたように「今後少しでもこうした問題を減らしていこう」という観点から、今後の社会的な環境づくりについて提言をいただき、討論していきたいと思います。

最初に各先生方から、一人三分以内でご提言をいただきたいと思います。それではまず小田先生から、発表の補足あるいは提言などあればお願いいたします。

小田　わたしは、この事件を今までの研究史を振り返る非常に良い機会として、また特に旧石器をやっている人たちは研究の新しい出発点にしたらいいと思います。今まで旧石器は大学単位やグループ単位でバラバラにやっていましたが、日本考古学協会という一つの組織で検証委員会ができ、さらにいわゆる学際的な旧石器の人たちの集まりがあちこちで開かれるようになりました。これは日本の考古学の歴史に於いても幸いなことで、石器や遺跡の一つ一つの発掘に対する慎重さとか、出てくる石器の細かい物の観察や取り上げ方、石器の研究法といったことに対して、いままで真剣でなかった面もあったわけです。ヨーロッパの研究を翻訳してヨーロッパ旧石器学を日本に導入しただけではないかと、五〇年の歴史を振り返って私は思います。そういう意味で今は新たな日本の旧石器研究の出発点として意義づけたら、これはもう「災い転じて福となす」ということになる。これから若い人たちに大いに期待をしたいですね。

金山　ありがとうございました。それでは小野先生にお願いいたします。

小野　わたしが、話した最後の部分が提言でもあるわけですが、旧石器の研究をやっていくときに、わたし自身の反省でもありまた努力でもあったのですが、やはり第四紀の基礎的な部門、とくに堆積関係や分類学、このあたりをしっかりやっておく必要がある。今回の問題を契機にしてということではありませんが、かつてもいろいろな問題提起があったわけで、現実にきちんと考えていく必要が出てきたということがひとつ。もうひとつはなかなか簡単なことではありませんが、考古学の研究体制を、とくに研究機関や大学などの教育システムをどう変えていくかという大きな課題があると思います。

検証という作業で何ができるかが非常に問題である。具体的にいえば、人工物であろうと自然物であろうと、地層の中に入っているという点ではひとつの堆積物であり、堆積物としての人為的な遺物、具体的には石器ですね。そういうものを厳密にチェックしていくことが、第一歩として進みつつありますので、その点はきちんとやっていくべきであろうと思います。

金山　ありがとうございます。小林先生、お願いいたします。

小林　今度の事件、問題というものを、民間で熱心に考古学の研究に取り組んでいる人の問題に絞り込むということは、少し間違いかもしれない。むしろ、そういう事態を長年にわたって許してきた、いわばプロ集団というか、いうなら大学や研究機関、博物館等々に籍を置いて、考古学をやってきていた人たちが見逃してきた。あるいは見破ることができなかったところにも問題があると考えます。

一部には、小田さんのように疑問を提起した人もおられるが、その後はあまり積極的には言わなかった。そしてまもなく全体のムードとして、そろそろ宗旨替えをしなくちゃいけないんじゃないかな、というような独り言を聞いたことがありますが、しかし、その最後の今回の段階になりますと、もう疑いもなく相当おかしいということが、わたしなんかにもみえてきていた。そのあたりが問題であります。

ある何人かはこういう懸念をしております。これによって、考古学の世界から、考古学に関心をもつ民間の青年やこれからやろうとする人たちの出鼻をくじくような、あるいはそれに対して閉鎖的になるような事態は避けるべきである。あるいはそうならないようにと、相当心配する意見がわたしの耳にもたしかに届いている。しかし、それについては心配ないんじゃないか、とわたしは思います。なぜかというと、考古学というのは非常に具体的な次元でモノを扱うんですね。モノというのは形があって、そのモノをつかむといった具体性がありますので、その限りにおいて興味をもつと入りやすいという門戸でもあるわけです。

それを深めていくと、だんだん学問が抽象的になる。それに理論的な問題とかが加わって、学問はより高い次元、抽象的な次元へとすすむという道筋をすべての学問は通っています。最初は具体的である。とくに考古学は具体的であり、具体的な次元で出発するというところに、今回のような大きな問題を含む、そういう可能性があることを改めて指摘しておきたいと思います。

金山　どうもありがとうございました。段木先生お願いいたします。

段木　わたしは、文化財保護行政と博物館の二点の問題に絞って話しました。文化財の問題は、国家によって国民に伝えられる情報が選別されて伝えられている。当然、民主主義国家であれば、主導権は民が負うものであり、官が主導するものではないであろうと考えています。官によって情報がセレクトされ、ひとつだけの情報が提供されるということは、戦前教育への逆戻りということも考えられるわけで、今回の事件を通して、戦前教育の過ちがちらちら見えるのではないか。そのようなことを感じたところであります。

次に二点目の博物館の問題ですが、博物館で展示されるということは、ひとつの権威として国民の前に提供されることになりますから、博物館としましては、ひとつの情報の選択をおこなうべきではない。複数の情報を提供し、市民によって学習され、市民によって選別されて、ひとつの生涯学習が確立するわけです。市民が判断できるような複数の情報を提供する。ひとつではなくて、これこれこういう反対意見もありますよ、という展示があってしかるべきであろう。そうも考えられるわけです。民が主導権を握るということになれば、博物館が街のなかで不可欠な風景として定着する。これこそがはじめて博物館に市民権を付与されたものであろうと感じているところです。

金山　ありがとうございます。それでは、笹川先生お願いします。

笹川　現代に生きる私たちにとって、考古資料とか遺跡がどういう意味があるのかないのか、ということを専門家ではない市民と専門家の両方を含めて大いに議論したい。

その際、単に古ければいいという話ではなくて、古いことを知ることも大いに結構だが、それが私たちにとってどういう意味をもつのか、という議論を活発にしていくことが大事ではないかと思います。学者は学者としての良心に従い、社会的責務を意識してきちんと討論し、その論拠を含めて広く市民に知らせる努力をしてほしい。さきほども小田先生が二〇年前に提起されたというお話がありましたが、議論としてはやや不発に終わったようですね。その原因の一つに、討論をするのがいいとか悪いとか、主流派に逆らっちゃいけないとか、そういう事情もあったようです。しかし、学者としての責任を自覚してきちんと討論をし、論点を提示する。それが学者の仕事ではないでしょうか。その内容をさまざまな方法で広報する。教科書に書くとか、段木先生が言われたように博物館に展示するとか。そして重要なことは、そういう場合もかならず複数の議論や根拠を含めて提示しておくことだと思います。たとえば、教科書に少なくとも二つの議論や根拠を含めて提示されれば、学校の先生も勉強するし、生徒も考える。現状のように、仮にどんなに良いことでも常にひとつの結論しか書いてなければ、学校の先生はそれを覚えなさいと言うだけだし、生徒は覚えればいいんだという話になってしまう。その叙述スタイルを変えていく必要があるのではないか。生涯学習あるいは学習社会という視点から言えば、判断するのは市民であって、学者の役割は事実を良心のみに従って判断の材料を提示することです。学者や官庁が判断して市民がそれに追随するということではない。そういう認識の切りかえが大切と思います。

三番目は中華世界、別の言い方をすれば、儒教文化圏とか漢字文化圏ともいえますが、ここにおける権威主義的な発想や秩序意識とか学習について、反省することが重要でしょう。さきほども申し上げましたが、過去から権威づけていく。たとえば、『論語』の孔子でも、旧王朝の散逸している文献を収集してそれを伝えれば戦乱の世の中も収まるはずだと、常に過去から権威づけていくのはひとつのスタイルである。ですから、そういうのではない権威のあり方とか、学習の考え方をきちんとさせることが必要ではないのか。同時に、いまの国民国家とか国民教育というシステムを通して、中国も国定教科書ですし韓国も国定教科書で日本は検定制度ですが、「歴史」が伝達されているので、国民国家とか国民教育のシステムを弾力化して、東アジアという発想をどういうふうにもっていけるかが大事なのではないか。そのさい段木先生も言われたが、学術的な事柄を国家によって権威づけるということをやはり排除する。金山先生が言われましたが、明治のはじめの頃、国家は学者の集まりをつくるということで、福沢諭吉は国家がセレクトすることに対して猛烈に反対して、彼は入らなかった。福沢がなぜそうしたかというと、政治家、学者、官僚というのは仕事の中身が違うので上下関係はない。われわれはなぜ政治家や官僚の下につかなければならないのか。学者は学者で独自にアソシエイションをつくるのだから、国家が会に入っていいとか入っちゃだめと言うのは政治家や官僚の越権行為である、と言って入らなかった。政府のほうは福沢が入らなかったので困ったようですが、そうした歴史もあるわけですから、国家による権威づけを排除する。

それから四番目は、コミュニティーということです。これから村をどのように再生させていくのか。滅びるものはちゃんと滅ぼして、新しいものをどうやってつくっていくのか。そのなかに歴史というものをきちんと位置づけていく。そういうことを市民レベルでやっていくことと、さらに日本だけでやるのではなくて、韓国、中国、台湾、香港、シンガポール、フィリピンなどを含めた市民的ネットワークで、東アジア世界をこれから構築していくようなものが日常的なものにならないと。もしこれがナショナリズムとか村おこしとのからみでは、今後も捏造は、おそらくあまり減らないんだろうと思います。

最後に、博物館に関連してです。博物館は直接的な資料を提示する、図書館はフィルムとか書物とか間接的な資料を提示する。そして、公民館は調査ディスカッション、政策立案したりする。良いか悪いかは別として、社会教育法のもとでは、三つの施設はセットになっているが、現実的にはバラバラにやっている。直接資料の提示機能、間接資料の提示機能、調査ディスカッションや政策立案の機能を相互に入り組んで一ユニットと考えて、有機的に機能させ、それらのネットワークを広げながら、いたるところで生涯学習の機会を活性化していく。そういうことが必要と思います。その中でさきほど申しましたような、「考古学リテラシー」というものを考えても面白いと思います。

金山　ありがとうございました。

いま五人の先生方から、発表の補足あるいは提言がありました。まとめてみますと、小田先生と小林先生は、提言ということではなく、ご意見ということでよろしいと思います。小野先生は、研究体制や大学教育の改善ということを今回の問題を契機に本格的に考えるべきではないだろうか、ということであったと思います。

また段木先生は、文化財保護行政の問題、とくに文化財指定のあり方の問題。それから博物館の問題として、具体的な例としては文化庁による「新発見考古速報展」の問題点、これはさきほどの基調報告にもあった通りですが、その辺のことを改善していく提言です。笹川先生はたくさんの提言がありましたが、ぐっと圧縮させていただいて、ひとつは論争的なことがらは両論併記が望ましい。これは正統と異端という構図でとらえ直しますと、異端を排除しない、それによって信じ込ませるのでなく考えさせるような情報の提供をおこなう。また、学術的なことがらの国家による権威づけの排除ということも言われましたし、市民レベルのネットワーク活動の推進、あるいは生涯学習機会の活性化なども提言ということでまとまられるのではないかと思います。これらの提言を踏まえ、各先生方からまたご意見をいただきたいと思います。
　まず最初に小野先生から提言がありました、考古学の学問の研究体制、または大学教育における改善の問題です。具体的にはさきほど発表にあった通りですが、この問題は考古学だけの問題ではなく、おそらく他分野でも共通してくるのではないかと思います。たとえば、法政大学では人間環境学部が数年前に設立されて文科系の中に位置づけられていますが、この人間環境学部では文科系だけではなくて、やはり理科系の素養も必要となってくると思うのですが、笹川先生はそのあたりで何かご意見がありますか。

笹川　このなかにも人間環境学部の学生のみなさんがいると思いますが、ときどき不満が聞こえてきます。たとえば、水の汚染について考えるとき、「汚れた水をどういうふうにきれいにするのか」という問題が当然出てきて、文系だけでは到底対処できない場面がある。しかし残念ながら、いまの法政大学の人間環境学部は自然科学系を十分取り込めていない現実がある。大学受験から文系と理系に分けてしまっている点にも大きな問題がある。法政の場合、市ヶ谷と多摩・文系で、小金井・理系という棲み分けをしていますが、両者を結びつけていくようなやり方が必要と思います。実際そこで勉強したことが、空気や水の汚染をどう解決するかという現実的な環境問題に十分な対応ができないのでは困りますので。

金山　たしかに数字をよむことが大事になってくると思いますが、それには理系の素養が求められるのではないか、というご発言でよろしいでしょうか。

笹川　素養が求められるし、大学のシステムとしても工学部と人間環境学部がどのように相互乗り入れ、あるいは、相互協力をすすめられるかが、今後の課題だと思います。

文化財指定の問題

金山　ありがとうございました。いまのお話のように今回の問題は、他のジャンルにも派生する問題として、再検討する契機になるのではないかということです。

次は、段木先生から提言がありました文化財指定の問題について、すこし討論を深めていきたいと思います。指定したものが文化財だと認定され、指定されないものは文化財ではないという現状がある、との発表がありました。前期旧石器問題について言いますと、多摩ニュータウン471B遺跡におきまして、これは東京都の文化財に指定されていますが、さきの東京都文化財保護審議会特別委員会の報告によって、これが疑わしいという判定が出て、それを受けて現在文化財の指定解除という方向にすすんでいると聞いております。ほかの前期旧石器や中期旧石器を含めて、たとえば、宮城県の座散乱木遺跡は国の史跡になっており、れっきとした国の文化財という認定がおこなわれています。
ここで小野先生に質問させていただきますが、国立歴史民俗博物館の機関紙である「れきはく」五月号で、同館の春成秀爾先生がこの問題について座談会をしております。そのなかで春成先生は、前期旧石器の捏造問題は座散乱木遺跡まで確実にさかのぼるのではないか、という発言をされています。小野先生は座散乱木遺跡についてご意見ございましたらお願いいたします。

小野　わたしもそう思いますね。なぜかというと前期旧石器問題については、私は三〇数年前の学生時代に原稿用紙五〇枚ぐらいの書評を『考古学研究』誌に書いたことがあった。かなりかみついたような書評で書評の枠からはみ出たものを書きました。人間がつくったものなのか自然なのか、これはかなり重要な論点ですね。そこでかなり批判的に、資料的条件と引き出された結論が整合しているか検討を加えたのです。わたし自身についていえば、なるほどこれは間違いないなと転換点になったのは座散乱木です。ほとんどの人がそうだと思いますね。その頃、小田さんとキーリさんが『人類学雑誌』に書かれた批判的な論点があったけれど、わたしが小田さんたちのものを読んだときにどういう印象をもったかというと、これは南関東から出ている基準で判定を下しているなということで、納得した部分と反発した部分があった。しかし、座散乱木から出た資料が石器であることは間違いないわけですから、そこで自分のなかで変わったわけです。石器資料が「人為」か「自然」かという問題意識にずいぶん規定されていたと思います。

したがって、いま検証活動がすすんでいますので、必然的に国の史跡であろうとなかろうと、出発点になっているところに検証が至るのは、わたしは当然であると思います。

金山　ありがとうございました。座散乱木遺跡の調査以前までの、いわゆる前期旧石器といわれていたものは石器であること自体に疑問があったわけです。ところが、座散乱木遺跡から出てきている石器は明らかに石器である。であるが、それが捏造されたものかもしれないという疑問があるという指摘を、小野先生がされたわけです。

この問題について、別の観点で小林先生からご意見をいただきたいと思います。小林先生は以前文化庁の調査官をされていましたが、当時の埋蔵文化財行政についてご意見をいただきたい。当時の文化庁の埋蔵文化財行政の理念と、現在の文化庁の文化財行政とはだいぶ違っているのではないかという指摘を、ある新聞記者が論説的な文章で書いていましたが、先生はそれを非常に評価されて、雑誌にも紹介されていました。先生はこの埋蔵文化財行政について、現状をどのようにお考えでしょうか。

小林　相当わたしを苦しめる質問ですね（笑）。さきほど段木さんが言われたことと重なりますが、文化庁は相当の力をもっているわけです。モノについて、評価の権威づけというものを潜在的にもっています。その潜在的にもっている限りはそれでいいんですが、それはあまり表に出すべきものではなくて、もっともっと行政に徹底することをわたしは望みたい。さきほど段木さんが相当はっきりと言われたので、そのことを繰り返すことになりますが、文化庁が速報展を推進するときには、その目玉としてずっと押し出してきたということから、前期旧石器が一般に浸透したのは、まぎれもない事実です。そのことについては、やはり相当反省というか、いや反省という言葉はいまは使いません。これはたまたま出た言葉で、それは抜きにして、考えをもうちょっと慎重にしてもらわなければいけないのではないか。今後ともそのように思います。

それと、権威とかそういうものを、一般の人たちが跳ね返すことができるかというと、簡単には跳ね返せない。段木さんは、わたしより相当よく世間を知っているはずですが、やや楽観的過ぎです。民からのデモクラシーとして、評価は積極的にやるべきであり、そこに望みをつなぎたいというお気持ちのようですが、わたしは権威があるということは、権威に抵抗できない力があってそれが権威であるという、ちょっと逆説的ですね。反対するわけではありませんが、容易ではないということは申し上げたい。

それと、さきほどはちょっと遠慮して深く立ち入ってしゃべらなかったことについて触れておきたいと思います（笑）。

たとえば、ナショナリズムの話が出ましたが、わたしが言い出しっぺで、それから笹川さんはちゃんと用意されて、そのことについて論じられています。ナショナリズムはそうなると、哲学をもつ者がナショナリズムであって、古ければいいという喜びみたいなものとナショナリズムとは一線を引かなければならないと思います。そういう意味で、わたしはナショナリズムというようなことと安易に結びつけるのはどうかなと思う。つまり、古いということは事実あります。年代の古さというのは事実ですが、それがいいとか、誇りに思うとかは、解釈ということになると、さらに抽象的になって認識の次元が一段高くなって延長線上で論ずることはできないということです。次元の違うものを二つないまぜにして考えていくと、ちょっと混乱するかもしれない。とくに我々考古学は、いつ日本列島の歴史が始まったのか、ということに非常に興味をもっている。それは日本列島だけではなくて、世界的な視野の人類史全体の動きのなかで、延々と人類がアフリカを何回か出て、そして東アジアの端っこまで到達して、さらに日本列島に到達したのはいつなのか。それについていろいろ興味をもっているわけで、とくにナショナリズムという哲学としての、そういうことでは考えていない。そういうことをさきほど申し上げげわけです。ただし、笹川さんがご指摘のように、それを逆手にとってというか、それを表に押し出してナショナリズム的なものを鼓舞しようという道具にする動きにつながりやすいことも確かですので、それは認めておきたいと思います。

それから、地域おこしというところで、東北であったという問題ですが、東北であったということについて、われわれはアイデンティティーとか、オラガクニさとか、オクニ自慢というのは、ささやかな一人の人間として生きるときの、ほんとに大事なよすがになるわけです。それについては否定できないものがある。かならずあるわけです。東北だけではなくて、関東でもある。わたしは新潟で、東北に入るか中部に入るか、いつも問題になるんですが、そういうことはまぁ冗談として。

そこで三内丸山の話が出ましたが、あの三内丸山もたしかに東北から発信しました。そのときにオクニ自慢ということ、青森県人や東北人がそれを拠りどころにするということについてはわたしは否定しません。それによって、アイデンティティーというか、生まれ育った土地にこういうものがあったということを重要視するのは、それはいいんでしょうが、それを煽り立てるのがプロであるところが問題である。前期旧石器問題もじつはプロが問題なんです。さきほど話しましたので、もうくり返しませんが、じつはそれに匹敵すること、それ以上のことが三内丸山でおこなわれている。縄文文明論とか縄文都市論、あるいは縄文時代商人論とかですね。ふつう我々が使っている商人というのは、お金を儲けてその利潤でなにかしなければ商人といわない。それを本のタイトルに出してくるのでは、それは少々困る。つまり、専門家はちゃんとした議論の場があるはずです。各専門家が所属している学会があり、雑誌がある。そこに論文を発表する。そういうところを抜きにして、一足飛びにそういう問題に走っていくというのはどういうものか。一方マスコミのほうも、これは面白い話題だといって取り上げる。それをマスコミのせいにしてはいけない。あるところで「マスコミにも問題がある」という提言がありました。ないわけではないが、問題はマスコミに情報を流している専門のプロのほうです。その点をきちんと自覚しないと、自分の責任はどっかにおいといて、事件や問題を起こした人を「わたしを裏切った」というような言葉でお返しするというようなことが続く。これは大変に不幸です。

「新発見考古速報展」の問題

金山　ありがとうございました。ちょっと軌道修正させていただきます。段木先生の提言のもうひとつに、「新発見考古速報展」の問題があります。この新発見考古速報展は、一九九五年から文化庁が主催して始めたもので、最新の埋蔵文化財の実物を一般の人たちに紹介するという意味では、たしかに評価できることだろうと思います。しかし反面、さきほど段木先生が指摘されたような問題もあるように思います。また、トピック的に話題性をもとめた見せ物的な企画になっている点は問題があると思います。たとえば、昨年展示した小鹿坂遺跡のコピーは、「原人の能力は住居を作ったか？五〇万年前の日本最古の生活跡」というものでした。現在、江戸東京博物館で二〇〇一年のヴァージョンがおこなわれていて、江戸博を皮切りに全国で巡回展が計画されています。

前期旧石器の問題について、具体的に触れますと、この「新発見考古速報展」では、九五年に上高森遺跡が展示されている。九七年には岩泉瓢箪穴遺跡の石器が展示され、九九年には総進不動坂遺跡、中島山遺跡、袖原三遺跡などが展示され、二〇〇〇年には、長尾根遺跡、小鹿坂遺跡が展示されている。展覧会が始まった九五年から昨年まで、前期旧石器がオン・パレードという状態で扱われてきたことがわかると思います。

段木先生は、いま江戸博で開催されている速報展のレセプションに出席されたそうですが、昨年まで文化庁が主導的に前期旧石器を取り上げてきて、今回の事件で今年はさすがに前期旧石器は展示されていませんが、レセプションのなかで文化庁からはなにか説明があったのでしょうか。

段木　わたしは江戸東京博物館の委員をしており、レセプションには出席しました。最初に文化庁の次長さんがあいさつされましたが、二〇〇〇年の遺跡についての話はまったくありませんでした。江戸東京博物館館長の竹内誠さんが、こういう旧石器とかに関わらず、展示をするときには科学的な裏づけがかならず必要である、この科学的な裏づけが若干疎かになっていたのではないか、というような問題提起をされました。

レセプションでずっと見ていったわけですが、旧石器、縄文、弥生と過ぎて、今年の一番の目玉は出雲大社の高い、三八メートルか四八メートルの展示がありました。非常に圧巻で説得力のあるものでした。他にもいろいろとありましたが、それがもっとも印象的で、ずっと足をすすめて一番最後の出口に三〇センチ四方のパネルがあって、そこに去年の不祥事のお詫びが書いてありました。誰が書いたのか、サインも何もありません。ただそういう文章がぶら下がっていて、おそらく見落とした人もたくさんいるのではないかと思うわけです。

こういう移動展示を博物館ではよくやりますが、博物館での展示というのは権威になるわけです。とくに文化庁の主導で移動展がおこなわれているわけで、それは相当説得力がある。それに対して反対意見も当然あるわけで、そういう反対意見が完全に無視されているところに問題があるのではないかと感じたわけです。

さきほど文化財の指定の問題がありましたが、東京都内にも国宝の建造物がひとつあります。東村山の正福寺千体地蔵堂で、鎌倉時代の建物ということで指定された。これは鎌倉の円覚寺舎利殿と同じ唐様様式なので指定になったのですが、あとからの調査で室町時代初期の建築であることがはっきりした。しかし、いったん鎌倉時代の建物として国宝になってしまったために、室町時代とわかったからと言って国宝を解除して、重要文化財並みにするわけにはいかない。やはり文化庁は相当権威をもっていますから、権威上それはできないんです。

しかし、笹川先生が言われた、古いから価値があるかというそれだけではないと思いますが、東京都内には室町時代以前の建造物があります。南北朝時代の建造物で、日野市の高幡不動の不動堂、仁王門があります。時代とすれば南北朝のものですから古い。文化庁の指定は、時代の古さばかりではないけれどもやはり時代性は重視されるというような指定の仕方をしています。当然のことであろうとは思いますが、時代の上のほうから指定し、ようやく明治まで辿りついたような、そういう状況を考えてみますと、やはり時代の古さを重視する文化庁方針が「権威」を創り出している。にもかかわらず一旦指定しますと、それが間違っていても、「権威」を翻すことがない。ちょっと言い過ぎましたかね（笑）。

わたしも長い間、文化財調査担当の役人をしており、自分で自分の悪口を言っているみたいですが、権威の裏づけには法律がありますので、法律上の問題から諸外国と比較して文化財の考え方に違いがでてきている。そこに一番の根本的な原因があるのではないかとは、さきほどお話しをしたところです。

金山　ありがとうございました。小田先生は、「発掘考古速報展」について、以前岩波書店の『世界』（二〇〇一年一月）という雑誌で、前期旧石器問題について書かれたなかで、いち早くその問題を指摘されているのですが、ご意見がありましたらお願いいたします。

小田　あの岩波の『世界』に書いた後、シンポジウムが日本教育会館で行われた際に、佐原真先生と一緒に話をする機会があったのですが、私に「小田さんは速報展は悪いと思っているんですか」と聞かれたので、「いやあ悪くはないでしょ。でも担当者が悪いんじゃないか」と言ったんです（笑）。そうしたら、担当者が最近変わったそうで、今度の担当者もまた同じような人がなっているような雰囲気がある。新聞の説明・最近の解説をみますと、漆が「世界最古」とか日本から始まったとか。また同じようなことが始まりましたね、「最古」、「最古」って。もういい加減にそういうことをやめて、もう少し漆の本当の文化史でもきちっと解説してもらったほうがいいと思う。と言ったら、佐原先生も納得されていましたが、やはり展示会には担当する人の思い入れというものがある。前期旧石器が九五年の上高森遺跡からずーっときた流れは、やはりそういうものを展示の最初にもってきて目玉にするという、文化庁の思い入れがあったのではないか。それが暗黙の了解で続いてきた。それは一概に悪いとも言えませんが、それが正しかったのであれば、素晴らしいこととして日本の人たちが喜んだでしょうが、こういう結果（捏造事件）になってしまったので、それがどうかという話になるわけですね。普及という意味では構わないとは思いますが。権威ということでいうと、文化庁は最高の行政で、とくに予算をもっていますから、反対したら補助金がもらえなくなるというようなことで権威が一人歩きしていく。

こんどの講談社の廃版になった文化庁の岡村道雄著『縄文の生活誌』を見て感じたのは、

埼玉の小鹿坂とか、まだ発掘中の遺跡の遺物がもう巻頭にカラー写真が載っている。我々が自分の本を書くから、そういう遺物のそういう写真を載せさせてくれと言ってもまず断られますよ。だからそういう意味で、文化庁の権威というものはどんなものでも自由に使える。それは日本の国が役所のシステムに毒されている。小泉首相が役所をダメにして民間でやってくれという方向性を推進すれば、民間の人たちがまた生き生きするかもしれませんが、やはり役所体制は日本の場合はまだまだ続くでしょうね。私も役人ですから。地方公務員と国家公務員は違うでしょうが、そのうち独立行政法人にでもなれば、みんな民間人と同じになってしまいますから、そうなれば対等にやれるかもしれません。

金山　ありがとうございました。この「速報展」については、段木先生から、江戸博の展覧会のなかで、最後にパネルが張られ、そこに文化庁がこれまで前期旧石器を取り扱ってきたことについての謝罪文があるというお話がありました。先日、わたしも実際に行き、一応全部ノートにとりました。ノートにとっていると、ほかのお客さんが寄ってくるんですが、わたしが離れると誰も見向きもしないで通過するという状態でした。そのパネルの一番最後の文章にこんなことが書いてありましたので、ちょっと引用いたしますと、「今後は遺跡の再検証や学会などでの議論の動向を踏まえ、資料の選択を含め、展示の在り方についてのいっそうの慎重をきす所存です」

ということが、文化庁の見解として書かれています。文章を一読しますと、文化庁もなかなか真摯だなと思うのですが、では具体的にどうするかについては触れていない。また段木先生のお話にもありましたが、これに対する文化庁の直接的な見解がレセプションでも示されなかったことと符合するのかなと思いました。速報展については、とりあえずここまでにしておきます。

じつは小田先生が最後のところで指摘された、文化庁の調査官などが大手出版社から本を出す。いま講談社というお話がありましたが、それは別にいまに始まったことではないらしい。もう何年も前から文化庁の関係者の人たちは大手出版社から、美術書あるいは一般的な考古学の普及書を出版することがずっと系譜としてあったようなのですが、そのあたりにつきまして、小野先生もお考えをおもちでしたらご意見をお聞かせください。

小野　本の出版をしてはいけないということではまったくありません。それは小田さんが言われたことに尽きますが、やはり、全国をまわって、新しい資料を早く一般に知らしめるということは、別にだれか個人が本を書かなくても、ほかの方法があるわけです。一番困るのは発掘されたばかりで報告書もまったく書かれていないものを一般の普及本で紹介してしまう。ふつう我々はしませんし、できもしない。できないからしないということではなくて、しないのです。そこが行政的ないろいろな階層秩序のなかで、実際には可能になっている。ふつう民間はもちろん、大学や他の研究所もそういうことはしていませんしできないものです。そのところだけですね。本を出していいとか悪いとかという問題ではありません。自分を律する実践理性がどうなっているのかの問題です。

教科書掲載までのプロセス

金山　どうもありがとうございました。未発表の資料の取り扱いについて、文化庁の調査官に問題があるのではないかという指摘です。

次は、小林先生の発表のなかから出てきたことについて触れてみたいと思います。岩宿遺跡と今回の前期旧石器の問題を、ここでちょっと照らし合わせてみたい。岩宿遺跡は、昭和二四年に明治大学の考古学研究室が調査をし、それによって日本にじつは旧石器があったんだ、ということが証明されたわけです。学会のなかでの議論を踏まえ、大学で報告書を刊行していく。報告書ができあがったのが、昭和三一年です。杉原荘介先生の編集で報告書ができた。そして、教科書の掲載ということになっていくわけです。岩宿遺跡については昭和三七年以降、学校の教科書に本格的に登場します。昭和三〇年のある教科書でも、岩宿がすでに取り上げられていますが、このときは石器が見つかっているという表記だけで、その取り扱い方は非常に慎重です。そのへんは山内清男先生の反対意見があったということですが、全体的な流れとして、つまり国の姿勢としては非常に慎重な姿勢でことを運んでいる。昭和四〇年に高校の教科書、計二〇冊すべてに岩宿遺跡が掲載されたとなっています。ですから、発掘されてからすべての教科書に載るのに一六年かかっている。

また、文化財の指定については、群馬県の史跡指定になったのが昭和三五年です。それから、昇格して国の史跡指定になったのが昭和五四年です。岩宿遺跡は非常に時間をかけて、学術的な手続きを踏んだうえで、史跡の指定や教科書掲載の段階を経ている。

ところが、前期旧石器の上高森遺跡については、九四年からの発掘を経て、九五年に発見したとされる有名な石器埋納遺構の写真が、ご存知のように六〇万年前の石器といわれて、教科書には驚くほど早く掲載されている。しかも考古学などの学術的な手続きを踏まえずに、発掘の調査報告も出されずに、それがなされている。岩宿と照らし合わせると、いかにも早い速度でしたが、このあたりを小林先生が指摘されましたが、何か補足がありましたらお願いいたします。

小林　とくにありません。金山さんがよくまとめてくださり、データもわかりやすく提示していただいたので、わたしの考えを理解してもらうのに大いに役立ったと思います。どうもありがとうございました。そこでもう一度ふり返ってみますと、岩宿遺跡が教科書に載るまでにそれだけの時間がかかっても、わたしたち考古学的な研究のうえでもなんら支障はなかった。そのことをもう一度よく思い返すべきだろうと思います。いまは新幹線もできて何もかも早くなり、そうした時代の流れも、おそらく関係しているとは思いますが、じっとしていられない、そういうセコサというか、それを学問の世界に安易に影響させてはいけない。そういう反省として、わたしたちは受け止めたいと思います。

金山　ありがとうございました。笹川先生、何かございますか。

笹川　いまの小林先生のお話のなかで、「発表は遅れた、あるいは教科書に載るのは遅れたが、考古学研究にはなんら支障はなかった」ということに、ややひっかかりました。非常に早いスピードで出版物になっていく背景には、「売れるから」ということがあると思います。その一つの理由は、出版業界も厳しいから売れるものは出してしまえという事情です。では、なぜそんなに売れるのか？　そこには、さきほど述べたようなナショナリズムもあるとは思います。しかし、もっと深いところでの考古学の担い手の変化という事情があるのではないでしょうか。岩宿と今回の事柄の何十年間かの間に、考古学というものがプロ集団の仕事から、プロ集団を中核としながらも市民の考古学に広くシフトし直してきた。考古学の基盤が変わってきたところがあるのではないか。岩宿遺跡発見当時と比べて、日本に住む人の学歴は高くなっていますし、高齢者でも高学歴の人々、歴史の元教師という人々もたくさんいる。そういう意味で、プロ集団の考古学から、市民を含めた考古学に変わってきている。今度のことは、このような考古学の担い手の変化のなかでのプロフェッショナルが、文化庁の権威や「村おこし」のブームにひきづられ、考古学の担い手の変化に積極的かつ適切に対処できなかった、そういうつまづきという感じがする。

ですから、小林先生や金山先生が言われたように、急ぐ必要はまったくないと一方では思いますが、諸説入り乱れているということも含めて、早く公開することも悪いことではないと思う。問題は、発掘されたということだけで、調査もきちんとすんでいないし、事実かどうかの確定もできない、そうだという説も、そうでないという小田先生の説もある、そのような未確定部分、論争的部分を含んだ公開なのか、権威主義的断定を伴った公開なのか、という点にあるのではないか。そうだという根拠とそうではないという根拠を、もっと市民の前で闘わせていただければ、さきほど金山さんが「正統・異端」ということを言われたが、文化庁による正統という烙印、お墨つきが出るのも逆に遅くなったのではないかと気がする。

小林先生が言われたことはその通りだと思いますが、わたしのような生涯学習論・学習社会論の立場から見ると、考古学の基盤の広がり自体は積極的なものだということを確認することが先ず大切だと思う。そのうえで、広がってきている現実に対してプロとして、アマとして、マスコミとして、文化庁として、どう応じていったらいいのか。そこにひとつの論点がありはしないか、という気がします。

金山 ありがとうございました。小林先生いかがですか。

小林 そういう点もたしかにあると思う。しかしながら、出版物などではもうその当時から旧石器文化については十分に論じられていました。だから、売れる売れないではなく、考古学に限らず、歴史に関心をもつ人が増えているのでしょう。それは相対的な問題です。それから、相対的であるがゆえに重要なモメントにはなっているのかもしれませんが、じつは岩宿遺跡が昭和五四年に国の史跡として指定されましたが、それまでいろいろな検討を文化庁の内部でずっとやってきていた。たとえば、旧石器時代と呼ぶのか、無土器時代と呼ぶのか、先土器時代と呼ぶのか。それについてはそれぞれ主張する先生がいて、一堂に集まりまして。しかし、どの先生とどの先生が顔をあわせる位置に座らせてはいけないとか、平行に座らせたりとか。そういうことまでやりながら準備をしてきた経緯もあります。

だから、単純な問題ではなくて、本当に人間くさいものが、わたしはたいへん好きなんです。自然科学でもそうだと思いますが、人間がやっているときは、端からみると思いもよらないことがたいへん大きなモメントになっている。それを無視できないということです。

笹川　文化庁に在籍されたことがある小林先生が、そのようにお考えになるのは非常によくわかります。しかし、文化庁も変化しているように感じます。わたしはこの一〇年以上、日本に住んでいて日本語が第一言語でない人たちに日本語教室のようなものを、あちこちにつくったりする仕事をしてきましたが、九四年に、文化庁の専門官の人たちが「地域日本語推進事業」というプロジェクトを具体化した。川崎と群馬県の大泉の二つが最初に地域指定された。国の動きとしてはそうだが、地方自治体側からすれば、しかし、社会教育等の観点から、識字教室のようなものを長年積み重ねてきていた。とくに川崎市は政府とときに対立することがあっても、在日コリアン問題、外国人問題などに積極的に対応してきた。文化庁の「指定」というのは、予算をつけるということで何か偉そうですが、自治体から見れば、「文化庁もようやくその水準に到達したか」という見方になります。それは文化庁が認定する「国語」についても言えることです。

川崎でわたしたちが議論していることは、「国語」といわれるものは、文化庁の管轄にある国語審議会認定の日本語のひとつのバージョンでしかない、地域には、山ほど日本語があることを直視すべきだということです。東北には東北の、庄内なら庄内の、最上には最上の日本語がある。実態に即して、それを私たちがその地域の日本語として認定して考えていけばいい。もちろん共通の書き言葉として文化庁が認定している「国語」がいらないわけではありません。しかし、不便もある。たとえば、ら抜き言葉は文法的に考えれば、そのほうがよほどすっきりしているわけです。が、文化庁はまだ認定していないので、ら抜き言葉は公式文書では使えない。可能の場合だけ〝ら〟を抜いて、受身の場合は〝ら〟を抜いていないわけですから、文法上非常にすっきりしている。文化庁がどういうふうに認定するかは、現状では文化庁がかなり勝手にやっていることですから、「国語」「日本語」についても私たちはは現場から率直にものを言っていく必要がある。「国語」は必要だが、日本語は「国語」ひとつだけではない、ということを言っていかないと、地域の日本語はものすごく混乱する。文化庁が「地域日本語」という概念を導入し、川崎を指定したことは、その必要を文化庁も認めつつあるということを意味するのではないでしょうか。そういうことを、わたし自身が一〇年以上やってきますと、文化庁の権威を変えることは難しいという気もしますが、それをやっていかないことには話にならないし、変化も起こりつつあるという実感を非常に強くもっています。

いままで文化庁は、文化行政を独占してきたし、国語行政も独占してきた。しかし、市民のレベルから日本語のバージョンはたくさんあって、私たちはいろいろな日本語を使っていいわけで、国語の教科書に書いてある国語、たとえば送り仮名とか、読み方とか、その漢字は使っていいとか悪いとか、そんなことにそれほど拘束される必要はないんだという意識が一方には広がってきている。そのところはひとつのトレンドとしてみていく必要があるのではないか、という気がします。

小林　その通りでして、じつはさきほどは舌足らずでした。何年かかったというのは、それだけ権威があるから押しつけようとはしていなかった、ということを言っているのであって、文化庁の権威がどうこうではない。そこで体験として、もうちょっと内実を話してみたい。文化庁も解除というものをいくつかやっています。たとえば、わたしが関係している縄文土器でも、前からおかしいと思っているものがあって、権威という意味でそれを解除という行為はしませんでしたが、その後それは解除されました。史跡にも解除されたものがあります。けっして役所だからやらないということではないし、役所は敵で侵すべからざるものだけではないということは、ひとつ加えておきたいと思います。

三内丸山遺跡について

金山　もう少し、この議論を続けさせていただきます。さきほど小林先生からの指摘がありましたが、前期旧石器の問題を先生方でいろいろと意見を出して整理していこうとすると、ここでまた問題に突き当たってくる。それは三内丸山遺跡の問題です。

捏造報道があった直後に、わたしにある新聞社の知り合い記者から電話があり、「三内丸山遺跡は大丈夫でしょうね」という意見があった。わたしは反射的に、「いやあ、捏造じゃないですよ、大丈夫ですよ」と言ったんですが、その後、今日のシンポジウムのお話を聞いたり、この準備のためにいろいろ資料を調べたりしていきますと、やはり似たようなところがあるのではないか。具体的に申しますと、これも小林先生からさきほどお話があった、三内丸山遺跡は縄文都市あるいは縄文文明といわれているけれども、都市というものは縄文時代には歴史学的にみてあり得ません。あるいは文明というのもあり得ない。すなわち、学術的な手続きを踏んでつかっている用語ではありません。概念を規定しないで勝手につかっている。報告書は、三内丸山については出ていますが、学術的な検討を十分に踏まえていない。誇大広告的な言葉が先立ち、すべての教科書といっていいほど大きく掲載されていますし、国の史跡にも指定されている。あるいは国立歴史民俗博物館では今年特別展が開催される。また、各博物館でも目玉的な扱いで、三内丸山の遺跡展というのが全国各地で盛んに開かれている。

こうした問題点の構図は前期旧石器の問題とつながるのではないだろうか、という指摘が小林先生からありましたが、小林先生にもう少し補足的な意見がありましたらお願いいたします。

小林　どうもふっていただいてありがとうございました。もうおしゃべりしすぎたと思って、自粛しようと思っていたんですが。結論からいいますと、まとめて下さったその主旨につきます。そこで重なっている部分はどういうことかというと、やはり一番問題にしたいのは、研究のプロというか、専門家がそれなりの学術論文で発表するなり、学会で論じたうえで公表すべきであるのに、それがなされていないことです。

たとえば、三内丸山は縄文文明というべきである。そして一方、世界四大文明に優るとも劣らない第五の文明である、というようなことをどこかで論じたうえで、みんなに公表するのであればよろしいのだが、出まかせといったら失礼ですが、まさにそのような感じのことが、幾度も幾度もくり返しされている。これは、縄文というのはそんなにすごいんだ。しかし、人類の歴史全体からみても、世界史的にみても、それはちょっとおかしい。金山さんのいまのご指摘の通りです。それから一方の縄文都市論でも、都市とはどういうことかを少し考えれば、そうやすやすとは使えない用語だと思います。そういう意味で、あまり言いたくないのですが、もしかしたら前期旧石器の問題以上に大きな問題として取り上げる必要がじつはあるかもしれない。そういう自戒、自省の念にかられています。

金山　ありがとうございます。これは笹川先生からの提言にもありましたが、議論のあるものについては、両論併記でやっていくべきだ、学者はきちんと論争していかなくてはいけない、という提言がありました。

このあたり、小田先生は以前、前期旧石器の問題がいろいろ取り沙汰されていたときにまさにその渦中にあったわけです。当時、両論併記とか正統と異端ということでいえば、異端の意見を小田先生は述べられていた。そのへん考古学界内での確執というか、論争というのは具体的にどのようなものだったのでしょうか。

小田　考古学をやっていると、皆さんも少し分かってこられたかもしれませんが、議論をすると友だちでなくなってしまう。私生活にも絡んできます。これが外国ですと、今日会場にみえている上智大学のキーリ先生とは三〇年以上のお付き合いで、よく議論しても、反対論を言っても普通のように付き合ってくれるわけです。しかし、日本人同士では、反対意見をもった人とは明日から付き合わないとか。子どもの世界ではあると思うのですが……。まあ、いろいろなことで締めつけられました。

たとえば座散乱木の場合も、これはおかしいと、いろんな学会でも質問しましたし、ビラを作って配りもしました。そうしたら無視しろとか、あいつには遺物を見せるなとか、まあそういうようなことですね。だから東北の人たちとも仲が悪くなってしまった。かつては学生時代一緒に月見野遺跡の発掘した仲間だった一人も、前期旧石器問題がもち上がってからは口も利かないし、こんど東北地方へ行ったら石を投げられるのではないかそういう人間関係になってしまう。また日本の多くの考古学研究団体の機関誌にはレフリーという制度がない。日本の場合は、考古学分野は文学部ですから、ロマンがあれば何を書いてもいい。理学部の場合はきちんとレフリーがいてダメなものはダメになる。いま「第四紀研究」という雑誌が日本では一番レフリーがしっかりとした雑誌だと思うんですが、そこではきちんと分野が違う人に何回も論文をまわして査読する。そして論文が出るまでに一年以上かかってしまう。それくらい慎重にチェックしている。人類学雑誌も、当時は本当にチェックにチェックを重ねられたらしく、当時の編集委員長をしていた山口敏先生は、「うーん、これは載せていいのかな」と一瞬考え、「もしほんとだったら大変だ」と英断を奮って載せて下さったというエピソードがあります。ですから、論争というものは、さきほど小林先生が、山内清男先生と芹沢長介先生が一緒にやろうとしたら発掘でケンカ別れをしてしまったという話をされましたが、そういうふうに人間臭いんです。

ですから、これからの時代は、大学教育の中で真剣に論争しても学問的には敵味方であっても、個々では一緒に飲んだり騒いだりして普通に付き合えるような、そういう人間性と議論の仕方等を日本の若い人たちに培っていく教育をしていただきたいし、またそういう大学であって欲しいと思っています。

両論併記の是非は

金山　笹川先生の最後の提言に、生涯学習機会の活性化というようなことがありました。今回の事件は、先生方の発言にありましたように、文化庁によるお墨つき、教科書に掲載される、あるいは学会のなかでの議論不足もあったと思いますし、それをまた無批判な報道というものがあった。そういったものが相乗効果をもって「事実」になり、それが一般の市民に伝達をされる、一般市民はそれを受けざるを得ない、一種の「鵜呑み現象」というものがあっただろうと思います。

今回の事件を踏まえて、そうした「鵜呑み現象」の危険さを一般市民は大いに思い知らされたろうと思います。これを反省して、学問というのはやはり自分で学び得るものであるといった認識をもつことが大事である。そのためには生涯学習機関、なかでも博物館がその役割を担っていくわけです。小林先生は現在、新潟県立歴史博物館の館長という立場で、いろいろなご経験をおもちですが、生涯学習の機会の活性化という意味でなにか意見がありましたらお願いいたします。

小林　ひとつの問題に対する解釈には、いくつかあるということは確かだと思います。どんなことにも大なり小なり反論は必ずあると思うんです。ところが、現実になかなかそれが難しいのは、とくに人文科学的な世界は、ひとつの解釈が、三内丸山なら三内丸山ということをどう解釈するかということで、一対一の関係ではなくて、縄文文化全体のなかで三内丸山をどう位置づけるかというようなことのなかで解釈するために、いろいろな解釈について、こういう反対もある、こういう反対もあるということをいっている余裕が実際はない。そうすると、自分の言いたいことをどうやってうまく伝えるか、というところに一生懸命に心を砕くわけです。そこにひとつの落とし穴があるのかもしれません。

だから、何といいますか、考古学レポーターという人がぜひこれから育ってほしいと思う。そういう人がきちんとそういう役割を担ってくれる分野があるのではないか。もし大学でもそういうことをしなければいけないということであれば、大学でも当然それは視野に入れておくべきだろうと思いますし、考古学を専攻した人がすべて考古学関係の現場に立って前線で仕事をするのではなく、ちょっと離れて、いろいろなアプローチの仕方をする人を育てていくことができれば、わたしはありがたいと思います。たいへん嬉しいことだと思いますが、これからの大きな問題だと思います。

両論併記については、大勢のかたがそれを口にされていますが、実際はとても難しい。国立歴史民俗博物館の館長の佐原真さんもいっていますが、こういう意見もあるが、こういう異論もあるというときの意見・異論の出し方は、自分のほうが優位であることを示す踏み台にしてしまう。どうしてもそうなってしまう。それが自然科学的な数字で出てくるところと違う、難しさがあるのではないかと思います。両論併記を心がけることは大切だけれども、いざ実行するとなるととても難しいことである。そう簡単にはいかないが、頑張るということだけは決意表明しておきます。

金山　ありがとうございます。小野先生お願いいたします。

小野　歴史学、考古学含めてそうですが、仮説として出すという伝統がなかなかない。だから、人文系のとくに歴史系の場合には、どんなに小さな論文を書いても、必然性・必然体でしか書いていない。これからは仮説という形で出す努力をしていくことです。

それから両論併記というのは、実際には難しい。それはAならAという仮説を出したときの根拠もきちんと出して、それに対する反論ができるような形の問題提起が必要です。実際反論されると困るというか、なかなかつらいわけで認めたくないということがあります。しかし、そういうふうに学問の構造も少しずつ問題提起の仕方を変えていくことで、新しい道を拓くのではないか、とわたしは考えています。

金山　ありがとうございました。両論併記について、これはわたしの考えですが、まず正確なきちんとした情報を提供することと、情報公開を徹底的にやることがまず前提だろうと思います。ですから今回のような捏造などは問題外で、正確な情報を踏み台にして議論をし、異説があれば両論併記というような形で提供することがひとつの方法だろうと思います。

ところで、今回のシンポジウムでは、約半年間、新聞報道記事を学生たちと集めて、学生からも議論や提言が出ていますので、ここで紹介させていただきます。

ひとつはマスコミの問題。討論ではなかなか出ませんでしたが、今回報道については、マスコミが話題性を求めすぎた、インパクト重視で少数意見を排除してきたということがある。ですから、これからのマスコミ対応は、読者に正確な情報を提供することを主眼とし、情報提供者の情報を鵜呑みにして一方的な流すことを慎み、新聞記者等が見識をもってチェックすることが大事であるという提言がありました。

これについて、じつはマスコミ報道のひとつの役割が歴史的にあった。それは発掘調査が開発行為にともなう場合に、その遺跡が非常に貴重で学術的な価値が高いものであれば、マスコミの報道によって世論を動かし、遺跡保存に一役かってきたということがあります。当時マスコミは使命をもち、非常に責任をもって報道していたことがある。それで救われた遺跡が日本中には数多くあるんです。ところが、考古学報道が社会的にも注目されるようになり、考古学ファンのすそ野が広がり増加していくにつれ、かならずしも遺跡保存とは結びかない、つまり注目度を重視したものに変わってきます。

たとえば、「最大」だとか「日本最古」だとか「新発見」、こうしたものをうたい文句にした報道が流行るようになった。すなわち、マスコミの報道がどんどん世俗化していった。今回の捏造事件は、このマスコミのありようをじつに巧みに利用した、ということがいえるのではないかと思います。現在、マスコミの方々は自分たちの責任について非常に強く感じてはいるのですが、しかし今回テーマにしたような社会的な背景についての切り込みは、この八カ月間やはり弱いものがある。そのために問題の本質がなかなか見えない状況が今日まで続いているわけです。マスコミの方々については、ひとつのポジションを確保していただいて、この問題について精力的に取り組んでいただきたい、と考えています。

二番目の学生の提言は、考古学界の体質についてです。小田先生からの話にもありましたが、研究者や研究グループの閉鎖性があった。否定的な見解をもつ研究者には資料を見せないということがあった。やはり公開性を高めていくべきでしょう。

三番目は、個々人の考古学に対する認識の問題がありました。考古学にはロマンがあるというのは紛れもない事実であろうと思います。笹川先生の指摘にもありましたが、いまの若い人たちが考古学にロマンを求めていることはやはりあるだろうと思います。ところが、ロマンを求めるがために学術的な手続きを見落としたという結果が、今回の前期旧石器問題に現れたともいえます。

さきほど考古学の研究者のプロの資質が問われるような意見がありましたが、現在の考古学研究者のなかには、小林先生のように自らの姿勢、過去のものについてはきっちりと反省して、この問題に新たな取り組みを示す勇気をもった先生方がいる。そうした人たちは立ち直りが早くて、それをバネに、いままで以上にバイタリティをもって研究をすすめていかれることを、今日のお話を聞いて、わたしなりに感じました。

問題は、そうでない研究者がまだ多くいることです。前期旧石器をこれまで認定したり普及しながら、いまだに反省もせずに迷走状態に陥り、なすすべも知らず、やはり考古学研究者として活動している人がいる。そうした人たちは問題があると思います。

以上のように、学生の提言を踏まえ、学生を指導した立場上、わたしのコメントも加えて紹介させていただきました。

時間は少し過ぎてしまいましたが、会場からご意見や質問がありましたら、一人二分以内でお願いいたします。

会場からの意見・質問

会場1　千葉大学地質学科出身で先史地理をやり、縄文の貝塚などを掘った。今度の問題では、堀り方がきわめてずさんであり、秩父の遺跡を見た瞬間にこれはやばいと思った。

石器を見なくてもあの穴はインチキであるとわかると思う。非常に浅いし、掘っていると きの、掘った断面とどこの表面から出したかを、ほとんど問題にしていない。一緒にいた 人も同罪である。再調査も地形をみて、どのような掘り方をしたかを検討すれば、即刻全 部ウソと扱っても構わないと思う。国家予算がもったいない。

わたしは長い間教師をやってきたが、この問題は科学に対する不信という点からみて、文化庁長官は辞任、関係者は公職から退くのが当然である。教科書会社の人との話で、行政裁判で教科書を書き直す部分の費用の損害賠償を起こしても、サギをしようとしたわけではないからできないだろうという話だったが、それほど重大であると思う。

近隣諸国との問題。北京原人より古くしたとすればおかしな話だ。北京原人からの流れであること、アフリカから何度もでてきているのは人類学の定説だから、周辺に遺跡がないのはおかしい。旧石器研究では、中国や韓国の研究が遅れているから見つからない、そのうち見つかるというのが、偉い人や学校の先生の意見であるが、聞いていて呆れてしまう。この問題は徹底的に討議して、ウミを出していかないと困る。掘り方の問題をもう一度全部、旧石器に関しては縄文や古墳とは掘り方が違うわけですから。

会場2　文化庁は早く見たい人がいれば見せるのが仕事。行政は文化財の保護や活用は仕事であり、それについて研究者のほうから時間を割かれるのはどうかと感じた。研究者は研究者の立場でやるべきことをやればいいと思う。

考古学の報告書はもっとわかりやすく書いていただきたい。業界には隠語や定型句があると思うが、「管見ながら」といった定型句が頻繁にでてきておかしい。図版も説明がどこにあるのか全然わからないし、ひどいのには何の説明もなくページを埋めるために入れたようなものもある。

会場3　笹川先生の基調報告で確認をひとつ。考古学リテラシーという考え方がどの程度の広がりがあったかは知らないが、戦後の考古学の一部の流れのなかでいわゆる科学運動としての考古学がベースにあって、高度経済成長期のなかで遺跡の保護の運動につながり、法制化につながる流れがあったのは事実である。若干認識の違う部分が感じられた。また考古学リテラシーは、低下してはいないか。

笹川　石母田正先生の「村の歴史・工場の歴史」等に端を発す国民的歴史学運動やそのなかでの岡山県月の輪古墳の発掘や地団研による野尻湖発掘等について私も知らないわけではありません。ただそれがストレートに今日に至っているのかどうかは少し疑問をもっています。たしかに市民的な考古学基盤は確実に広がってきた、という感じはある。開発ブームの中での調査発掘の急増の中で、五〇～六〇年代に培われた市民的広がりを基盤とする考古学リテラシーが少なくとも量的には追いついていないのではないか。

考古学リテラシーが低下しているかどうかは、市民的基盤での考古学は裾野は広がっているが、そこのクオリティが十分整っていないとみるのかどうか、に関わっていると思われます。時間があればいろいろと議論したいと思う。

会場4　生涯教育で、もっと開かれたもの、一般のかたに参加してほしいと言われたが、博物館には相当高度な専門知識をもった方が必要になるが、段木先生の話は理想論のように思う。実際に学芸員の養成にどれくらい力をいれているか。博物館全館の比率でいえば、学芸員一人いない。コンマ八ぐらいである。民間に開かれた形にするのは、学芸員の養成をしなくてはいけないのではないか。

金山　どうもありがとうございました。ここでまとめに入らせていただきます。わたしは、博物館学を研究しておりまして、最近、日本の博物館の歴史を再検証しました。そこで感じたことは、段木先生からも指摘がありましたが、日本の博物館づくりは国が主導で明治時代からやってきた。これは近代国家を建設するために、いわゆる官が指導することは当然必要なことであったわけです。

具体的には、博物館は殖産興業政策の装置として機能してきましたし、戦後は一般行政の記念事業のような位置づけで、行政が主導して博物館をつくることが主流になったという事実があります。

これは社会資本の充実化にもなり、その意味では有益でしたが、もう一方では博物館が市民の自発性に基づいてつくられていないために、その情報が市民の側ではなくて、いわゆる官、行政側のほうに情報が偏る。

わたしは今後、博物館はＮＰＯの方向性を探っていくことが大切だと考えています。要するに自立的な市民づくりということで、民に開かれた博物館をつくっていくという意味です。福沢諭吉は、『学問のすゝめ』のなかで「一身独立して、一国独立するという事」と述べています。ここでの独立とは、「自分にして自分の身を支配し他に依りすがる心なきを言う」。この当時は明治時代ですが、福沢諭吉が言っていることは、日本にはただ政府があっていまだ国民がいない、つまり国民が自立していないと。「世人はいわゆる官を慕い、官を頼み、官を恐れ、官に諂い、独立の丹心を発露する者なくして、その醜体を見るに忍びざるなり」とその書のなかで述べています。

今回の前期旧石器の問題も、やはりそれに類似したことがあるのではないか。いわゆる官に依りすがっている状態があったのではないか、それが明治時代以来ずっと続いていたのではないかということです。そこで大事なことは、やはり市民の立場を確認することです。

それでは最後に今日の討論をまとめさせていただきます。まとめのひとつ目として、考古学の研究者・研究グループの閉鎖性やマスコミの対応の問題があるにしても、日本人は、国、官の権威には非常に弱いところがあって、ほとんど無抵抗だったり、あるいは無批判だったり、無理解だったり、するところがある。官の情報というものを、お墨つきという形で信用する。今日の先生方の討論にもありましたが、それが教科書に掲載され、新発見考古速報展、その他の出版物、あるいは博物館等の生涯学習機関、学校、マスコミというものに受容されて、要するに一般の人たちはほとんど何の疑いもない状態でそれを受け入れる状況になっていたと思います。本来、文化・学術・教育というのは、国が主導するものではないだろうということです。これは、小林先生の指摘にもありましたが、学術・文化・教育は民間、国民・市民による学会あるいは研究機関、市民グループなどを通して、主導的な活動をしていき、そのなかで行政や国とかとパートナーシップを取ってやっていく。けっして、官が主導していくべきものではない。そのことが、まとめのひとつとして言えると思います。

現在、日本は行政改革あるいは財政改革が積極的におこなわれていますが、今回の問題は学術・文化・教育に関する、本来の意味での教育改革が必要であることを示しているのではないかと考えます。

二番目として、生涯学習機関として博物館はどうあるべきかということです。博物館は、市民に特定の限られた情報を教え込む、あるいは信じ込ませるというのではなく、正確な情報をきちんと提供して、その情報をもとに自らが考えられるような場にしていくことです。議論のあるテーマについては、両論併記のような形で、情報の提供をする。それによって、来館者は考えるし、学習することにつながる。学芸員は、そのための努力をしなければならない。

それは、博物館に限らず、他の生涯学習機関全般についてもいえることであり、ひいては学校教育にも通じることです。

最後に、パネリストの先生方、ありがとうございました。（拍手）

シンポジウムとあわせて行なわれた企画展「旧石器展」の様子

第三部　わたしはこう考える～各界からの意見

学習空間の転換を

佐貫　浩（法政大学文学部教授　教育学）

考古学にはまったくの素人であるが、ＮＨＫの考古学番組や歴史番組はよく見る。大学で社会科教育法を講義している関係もあって、歴史教育の資料として、それをどう利用できるかを時々考えたりもする。最近（二〇〇一年九月から）「日本人はどこから来たか」というＮＨＫスペシャルが放送されているが、とても興味を引きつけられている。

そういうときに感じることがある。文句なしに考古学やそれによって解明されつつある人類の歴史が面白いということである。ところがなぜ歴史の学習は面白くない（自分の学校体験としていえば「面白くなかった」）のかということである。謎解きというか、推理小説のように、疑問を解きつつ、仮説（推理）を立て、しかし確実な（と素人にはつい思われる）証拠を挙げていくことで、その仮説が証明されていく。加えてそれが私の常識をひっくり返すような挑戦的な内容であるときは、感動してしまう。そんなとき、学校教育だけでなく、日本における国民の教養としての考古学というものの貧しさを感じてしまう（学問というよりも常識というレベルをここでは指している。自分が平均的なレベルの考古学の教養＝常識を身につけていると仮定しての話だが）。「国民の教養」としての考古学と「科学的研究の最前線としての考古学」とのギャップは、なぜ生まれるのだろうか。

考えてみるに、学校教育における歴史教育の問題がありそうである。仮説の提起、証拠によるその証明、新たな証拠による仮説批判、さらにダイナミックな歴史像の構想へと、わくわくするような認識活動の発展が、そこからは伝わってこなかったのである。単一の権威化された「真理」伝達の空間としての教室が、その面白さを殺し、その「唯一の正解」がテストで反復できるように記憶しなければならない負荷となることで、学習そのものが苦役となってしまう。その教室の体験が、国民すべてを歴史嫌いにし、新しい考古学発見に照らした歴史の教養のリニューアルへの意欲と興味を失わせているのではないか。

しかしそういう歴史教育を批判して、考古学の最前線へ生徒を連れていく授業が始まりつつある。ところが、今回の捏造事件である。私は、「それみろ、何が正しいかはもっと時間をかけてみないと分からないのだ。間違いがないと証明されるまでは、曖昧な仮説を教育の場に持ち出すことを控えよ」という声が強まりそうなことを心配する。たしかに、試験問題（すなわち唯一の正解があるという前提で、その正解を回答させる問題）に性急にそういう内容を取り上げるのは避けるべきだ。しかし考古学や歴史学の面白さは、推理の面白さであり、証拠を発見し合う科学の勝負の面白さであり、仮説に込められた歴史のロマンの面白さである。そしてそれは生徒を考古学の最前線へ連れていくことによって子どもにも体験できるものなのである。

生徒をそういう「危険な」場から遠ざけるのではなく、教室空間、学習空間をそういう「学問の最前線」にふさわしい論理で組み立てることこそが必要なのである。すなわち、真理は未だ発見途上であること、教科書で学ぶ知識は「唯一の正解」なのではなく、一定の証拠によって有力な説として認められている「仮説」であること、新しい証拠によってその仮説がひっくり返ることもあること、しかしその新しい仮説は、決して過去の遺産を全否定して成立するものではなく、それらの遺産（証拠）をさらに大きな視野から整理することで生まれてくるものであること、疑問こそ、そしてその疑問にもとづく議論・論争こそ、歴史の真実を探求していくエネルギーであり方法であること、教師もまた生徒とともに議論に参加して何が真実であるかを探求している共同学習者であること、等々。この学習空間の転換こそ、今回の「捏造事件」の教育現場にとっての教訓ではないか。

日本の若者から見た前期旧石器問題

児美川孝一郎（法政大学文学部助教授　教育学）

「教科書にウソがのっていたなんて信じられない！」「今まで勉強した人はむだな勉強をし、むだなテストを受けてきたことになる。どうしてくれるんじゃい」

これは、知人の中学校の教師が、旧石器捏造事件が発覚した直後、そのことを伝える新聞記事を生徒たちに示したうえで書かせた感想文のなかの一節である。前期旧石器問題について、僕自身は、学問的な意味でいえば、まったくの素人でしかないのだが、しかしあれだけの社会的な注目を集めた問題である。事件が、日本の子どもたち・青年たちにどう受け止められ、彼ら彼女らにいかなる影響を与えたのかについては、じつはそれなりに興味深い分析が成立するのではないかと考えている。

実際、中学生たちの感想文に目を通してみると、おもしろい傾向に気づく。「有名になりたかったのかもしれないけど、絶対に許せない」「人間としてサイテー」といった当事者である藤村氏に対するコメントをいちおう別とすれば、生徒たちの関心は、見事に次のような三点に集中していたのである。第一は、〝なぜ、捏造なんかしたのか〟という事件の動機や背景にかかわる問題、第二は、〝どうしてもっと早く、捏造が発覚しなかったのか〟という点への疑問、そして第三は、さきに紹介したような、教科書に記述されていたことへの驚きであり、憤懣である。最初の二点は、ある意味では普通の大人が寄せる関心の所在とも重なるものであろうが、注目したいのは、中学生たちの場合、三点目に関する感想を書いてきた者が、圧倒的に多かったという事実である。

ここには、日本の子どもたち・青年たちの意識の奥深くに根づいている「教科書信仰」と、勉強は試験や受験のために仕方なくやるものだという「受動的な学習観」とが、覆いようもなく露呈していることは確かである。これら両者は、明らかに現在の日本の教育が抱える大きな問題点であり、子どもたち・青年たちから、事実やデータや現象に即して、自ら推理し、探究し、考え、批判的に判断していく力を決定的に奪ってしまっている元凶にほかならないのであるが、今は詳論している余裕がない。ただ、こうした観点から見れば、今回の事件が、日本の子どもたち・青年たちが抱く「教科書信仰」を揺さぶるだけのインパクトを持ったことは事実である。とすれば、それは、逆説的なことではあるが、彼ら彼女らにとっては「不幸中の幸い」とでもいうべき「教育」的な効果を持ったのだろうか。じつは、ことがらはそれほど単純ではない。

『MASTERキートン』（勝鹿北星・浦沢直樹著、小学館、全一八巻、一九八九年～九四年）という少し前に人気を博した漫画がある。考古学を専攻とする大学講師が、副業である保険調査員の任務を負いながら世界各地を旅する。そこで、さまざまな事件やトラブルに遭遇しながらも、最後は解決に向けて大活躍をする。いってしまえば、こんなストーリーが毎回くり広げられるのだが、これが、一部の青年たちの間で熱狂的に支持されていた。しかも、その人気を後押ししたのは、作品全体のなかに、しかもその時々の事件とも巧妙に関連づけられながら見事にちりばめられた考古学的な知識や知見であり、それが醸しだす、人類の悠久の歴史の彼方へのロマンや憧憬であったのである（実際、僕の周囲にいる学生のなかには、この漫画に影響を受けて、大学受験では史学科を志望したという者が複数いる）。

青年誌の掲載ということもあって、この作品に熱中した青年たちの年代は、さきの中学生たちよりは少し上である。そして、（少なくとも僕が接したことのある学生たちから聞く限り）こうした青年たちが共通して、それこそ「教科書信仰」に基づく「受動的な学習」にどこか満ち足りないものを感じ、そこからの脱出口を、ある意味では未開拓の領野や未知の可能性に溢れる（と、青年たちには映ったのだ！）考古学の世界に見いだそうとしていたことは、注目に値することであるように思う。そうだとすれば、こうした青年たちは、今回の事件をどう受けとめたのだろうか。考古学という学問世界が受けたダメージが、青年たちの希望や志をも虚しいものにしてしまわないことを願わずにはいられない。

文化財の〝商品化〟とまちづくり
～旧石器捏造事件のなかで考えたこと～

馬場憲一（法政大学現代福祉学部教授　文化政策学）

二〇〇〇年一一月に発覚した前期旧石器捏造問題は、一考古学研究者が起こしたきわめて悪質な事件であり、直接の原因は発掘に携わった研究者の倫理性の欠如に起因するものと考えるが、一九九〇年代から推進されてきた新たな文化財政策のなかで惹起された事件として看過することのできない問題も含んでいる。ここでは、その旧石器捏造事件を九〇年代以降の文化財政策との関わりのなかでみていくことにする。

一九九二年四月、文部大臣の諮問機関である文化財保護審議会の下に文化財保護企画特別委員会が設置されたが、同特別委員会は二年後の九四年七月「時代の変化に対応した文化財保護施策の改善充実について」という報告書を作成した。その報告書のなかでは「まちづくり・むらおこし」に文化財を活用していくことが明文化され、「文化財を核としたまちづくり・むらおこし」が積極的に推奨された。その後、九九年三月、文化庁が二一世紀を視野に入れた文化行政を推進するために策定した「文化振興マスタープラン」のなかにも文化財を活かしたまちづくりのことが明記され、九〇年代初めからの〝文化財の活用とまちづくり〟思想が確実に政策として結実してきていることがわかる。

筆者は、このように文化財を活用し、個性あるまちづくりを進めることは、人々が快適で住みよい文化的な生活空間を創造していくうえで、今後とも積極的に促進されなければならない文化財政策の一つとして評価している。

しかし、現行の「まちづくり・むらおこし」に眼をむけた文化財政策が進められていく過程で、文化財に対する意識も変わり、若干、憂うべき問題が生じてきていた。それが一部にみられる文化財の〝商品化〟ともいうべき現象であり、その現象が今回の旧石器捏造事件の遠因となったとも考えられなくもない。「まちづくり・むらおこし」は、少なからず「地域振興」の性格をもち、地域振興＝経済活動という構図が考えられ、そのなかでは、文化財そのものが「消費文化」の対象となり、商品化される危険性を孕み、ややもすると文化財がもつ真正性（authenticity）が見落とされ、学術的な面への関心が薄らいでいく傾向がある。一方、マスコミの報道によって旧石器時代人にロマンを馳せる読者（一般市民）がおり、読者は時代的古さの発掘報道のみに関心を寄せ、マスコミはその風潮に乗じてニュースソース（発掘現場）に話題性を求め、結果的には商業性が優先した拙速な報道に終始していた。

このような文化財をめぐる社会状況のなかでは、希少性が高ければ高いほど発見された文化財に商品的価値が付加され、「まちづくり・むらおこし」のなかで目玉の文化財として注目されるようになる。この風潮が一般に学術的考察よりも発掘成果という話題性のみに関心がいき、まさに文化財の商品化が図られてきていた。マスコミの話題性が大きければ大きいほど学術的反証に対する関心が後退し、一般市民のなかに偽りの「史実」が形成され、まちづくりに利用されるようになる。それが、今回、事件の発端となった上高森遺跡のある宮城県築館町や埼玉県秩父市での「地域おこし」の実態だったと考える。

一九九〇年代から文化庁によって推進されてきた「文化財の活用とまちづくり」政策は、実施の段階で一部に学術性とか真正性よりも商品性に眼が向けられるような状況を生み出してきたことも事実である。とくに旧石器捏造事件があった地域のまちづくりにはその傾向が強かったことがその事実をもって証明される。このため、今回の事件発覚以前から行なわれてきたそれら地域のまちづくりについては、文化財の学術性とか真正性が見失われ、文化財を商品化したなかで行なわれてきたまちづくりの一典型として、自戒を込めて我々自身の記憶のなかに深く刻み込んでおく必要がある。

評価・点検システムの確立を

根崎光男（法政大学人間環境学部教授　日本近世史）

二〇〇〇年一一月一五日、毎日新聞によって旧石器発掘捏造事件が報じられた。別の遺跡で収集した石器を前・中期旧石器遺跡と思われる場所に埋めておいて掘り出すという自作自演の捏造劇が、数枚の写真のカットでリアルに映し出された。学問世界では、真理の探求に目的があることは自明の理だが、この事件はそれを根底から覆したという点で実に大きな衝撃を社会に与えた。その後、捏造者本人がかつて発掘に関与した遺跡の前・中期旧石器のほとんどが疑問視され、現在もなお本人からの事情聴取が行なわれているほか、いくつかの地域では事実関係を確定させるための検証作業が行なわれている。

旧石器時代は、日本人の起源にかかわって歴史的ロマンをかきたてる時代であり、その遺跡発見は考古学研究者のみならず、社会全体の注目を浴びた。しかし、この捏造事件の発覚によって、前・中旧石器遺跡の信憑性は揺らぎ、日本の考古学そのものの信頼も大きく後退させてしまった。多くの考古学研究者が捏造者のこれまでの「発掘成果」をほぼ無条件で受け入れていたことからすれば、長い間それを見破れなかった学界の責任は重大だが、問題はそれにとどまらず、その影響は「発掘成果」を取り入れた一般書・研究書・教科書のほか、博物館展示や自治体のまちづくりなどにも波及している。その結果、捏造者の「発掘成果」を早急かつ無批判に受け入れた側にも痛烈な猛省を促し、その社会的責任の重さを突きつけている。

それではなぜこのような事件が発生してしまったのであろうか。その直接的な原因として捏造者のモラルに問題があることは明らかなのだが、それを強調してみたところで何ら解決の糸口も見いだせない。前・中旧石器の発見が社会的関心事であればあるほど、今後も遺跡が捏造される可能性はおおいにありうる。たしかに、この事件は学問世界のみならず、社会的にも不幸な出来事だが、ここから多くを学べるのではないかと思われる。

それにしても、この捏造事件を通じて強く感じるのは、こうした事態への「危機管理」がまったく欠落していたということである。日本の考古学界にとって、こうした体験は初めてであり、ましてやあってはならない事態が発生したことからすれば止むを得ないことなのだが、今回の苦い経験のなかから「危機管理」のあり方や二度と捏造事件を発生させないような再発防止策を学んでほしい。当面、捏造と疑われている前・中旧石器遺跡の再発掘によって事実を確定していく検証作業はもっとも重要なことだが、同時に学界はこの捏造事件の背景や真相についても徹底的に究明してほしい。

もうひとつ重要なことは、この種の事件再発防止のためにも遺跡発掘後の評価・点検システムを早急に確立する必要があるということである。現在でも、発掘担当者には発掘後の報告書提出が義務づけられているのが一般的だが、未提出の場合も多いと聞く。目立つ発掘成果だけがマスメディアを賑わせ、検証されることなく「事実」として一人歩きすることがあり、さらにそうした成果はまた、安易に教科書や博物館展示、まちづくりなどに利用されることもある。少なくとも、日本の歴史を書き換える重要な発掘成果に対しては、そのチェック体制を確立し、科学的な検証システムを整備する必要があるだろう。日本の考古学界には、たとえ心ない者によって遺跡捏造が行なわれたとしても、石器や土層などを科学検証し得るインフラ整備に期待したい。このことを含め、グローバルな視点にたって、一から前・中旧石器研究の再生を図ることが学界に課せられた使命といえるだろう。

考古学をめぐる壁

木下直之（東京大学大学院人文社会系研究科助教授　文化資源学）

職場を美術館、ついで博物館と渡り歩いてきたせいか、そこに何が展示されているかと同じくらい、それがどのように展示されているのかが気になる。あるとき、関心は展示室の外へも広がった。展示室内の展示は、展示のひとつにすぎない。さらにその外側、すなわち社会のいたるところに、モノはさまざまな意図で展示されている。むしろ、美術館も博物館も、それ自体が何らかの要請にしたがって社会の中に設置＝展示されたものにほかならない、と考えるようになった。

それならば、展示室の外側は無限空間かといえば、もちろんそんなはずはない。そこもまた、目には見えない壁で囲まれている。展示室内の彫刻鑑賞に飽き足らず、屋外彫刻を見て歩くうちに、駅前広場に立つ彫刻が気になり始めた。ずばり「駅前彫刻」と名づけて、その周辺をスケッチしたことがある（拙著『ハリボテの町』朝日新聞社、一九九六年）。全国のどの駅前にも彫刻があるわけではない。地域住民によって、そこが玄関だと意識された場所が選ばれる。玄関がある以上、当然、ぐるりと壁で囲まれた地域が意識されているのだろう。

成田空港では、二基の巨大な埴輪が入国者を出迎える。それらはたまたま茨城県で出土したものの拡大コピーにすぎないのかもしれないが、日本国（私のパスポートの表紙にはそう記されている）の玄関に、埴輪はいかにもふさわしいと納得させられる。

古墳時代に日本の曙がある、そういうイメージを長く刷り込まれてきた。そんな通俗的解釈はもはや通用しない、と簡単には笑えない現実がある。たとえば、国立千鳥ヶ淵戦没者墓苑では、身元不明の戦没者の遺骨を「日本古代の豪族の寝棺」（同墓苑パンフレット）を模したという棺に納めている。天皇という大王のために戦って死んだ兵士たちにはいかにもふさわしいデザインという気もするし、いい加減にもう彼らを自由にしてあげたらという気にもなる。

◆

戦後の考古学は、日本の始まりをさらにさかのぼる道を開いた。戦前からの日本史の枠組みに大きく変更を迫った。そこで明らかにされてきた時空間は、よもや日本ではないはずだが、考古学への期待はなかなか日本を離れようとしない。さすがに日本国は使えないので、日本列島という言葉が都合よく用いられる。日本人のルーツという、しっかりと日本につながったままの便利な表現もある。

佐賀県立名護屋城博物館を訪れたときのこと、同館が展示のテーマに掲げる「日本列島と朝鮮半島の交流史」にも、なるほどとは思いつつも、過去をどこまでさかのぼっても、異なるふたつの地域と民族が想定されたままであることに違和感を覚えた。

発掘という事業は、もはや考古学者ひとりの手には負えない社会現象と化している。マスコミはマスコミの、地元自治体は地元自治体の関心で、発掘の成果に一喜一憂する。より古いもの、さらにより古いものを求める点がどちらにも共通する。そこで考古学者に期待したいのは、そこでの古いという判定が、いったいどの範囲での、つまりはどんな壁で囲まれた地域での古さなのかをきちんと説明することである。

考古学者までもが、より古いものがよりよいだなんて考え始めたらおしまいだと思う。いや、昨年の捏造発覚は、それで考古学界をいったん御破算にするほどの出来事だったのかもしれない。

前期旧石器と戦後生活資料

浜田弘明（前・相模原市立博物館／現・相模原市史編さん室　学芸員）

前期旧石器と戦後生活資料、時代もモノもまったく違うということは承知のうえであるが、ここでは資料論の本質を考えるうえでのヒントとして、博物館というモノを扱う現場から、資料の時代性と記録性についての信頼の拠り所に関して述べることとしたい。

市町村の博物館では、社会科学習や新しく始まることとなった総合学習の一環として、学校利用が盛んになっている。極端な例かもしれないが、博物館の現場で、利用者である小学生を見ていると、たとえば小学三年生の九歳の子どもの目線からは、旧石器時代の石器も、江戸時代の古文書も、昭和初期の農具も、すべて彼らにとっては生活体験上かつて見たこともないものであり、どれも同じ「おおむかし」のものとなっていることに気づかされる。こうした例を見たとき、子どもに対してモノの時代性というのは、あまり意味を持たないのではないかと思うこともある。しかし博物館は、モノに対して「むかし」「おおむかし」ではくくることのできない時代性という問題に、慎重に取り組まなければならない機関なのである。

資料の時代性という観点に立つと、市町村の博物館には、古くは岩石・化石・火山灰などの地質資料から、今回話題の石器・土器などの考古資料、古文書・古美術品などの歴史的資料、さらには農具・民具などの民俗資料から戦後の生活資料に至るまで、様々な時代の資料が収集され展示されている。それらの資料は、収集方法も年代の同定方法も様々である。発掘資料である地質資料と考古資料は、様々な科学的手法によって年代同定が行なわれているが、基本的には地層の層序関係によるところといえよう。歴史的資料については記されている文字、民俗資料については記銘のものを除けば多くが使用者の記憶（聞き取り）によって年代を把握することとなろう。

考古資料は遺物の編年作業、地質資料は化石の同定作業などによってより細かい時代区分が確定される。じつはこの年代確定方法は、民俗資料、なかでも戦後生活資料についても同じことがいえる。自身の体験をもとに述べるならば、旧石器時代からはほど遠い、テレビさえもがこれに該当するのである。ある博物館から白黒テレビを借用したときのことであるが、その資料カードには、年代欄に昭和三九年と記されていた。その根拠は、「このテレビで東京オリンピック（昭和三九年開催）を見たのでそのころに買ったのだと思う」という、資料の所有者からの聞き取り記録であった。しかし、わたしが見た限りにおいては、どう見ても昭和三〇年代前半のものとしか考えられなかった。資料の年代確定のため、その後、製造メーカーの社史をあたったところ、品番から昭和三一年一月発売のものと判明した。つまり、製造の「記録」をたどったところ、所有者の「記憶」とは八年もの相違を生じたのである。

所有者の記憶には、東京オリンピックの画像が鮮明に残り、それ以前から使用していたにもかかわらず、その頃という話になってしまったものと思われる。しかし、この話者の話を記録したものが記録の誤りといえるだろうか。所有者の記憶と調査者による話者の記録、それ自体は事実なのである。その一方で製造番号という別の記録（地質資料でいうところの化石の同定、考古資料の編年）からたどることのできた、商品（製造物）としての年代もまた事実なのである。つまり、捏造は論外であるが、発掘資料にとどまらず、つい近年まで使用していたモノでさえもが、たとえ故意がなくとも、時代性や記録性に誤りを生ずる可能性があるということを、モノを収集する博物館、そして学芸員は認識すべきであろう。

考古学、埋蔵文化財行政、そしてマスメディア

山成孝治（毎日新聞社大阪本社社会部記者）

北海道報道部の同僚が「旧石器発掘捏造」をスクープしたあと、半ば押しかけで「取材班」に加えてもらった。関西を主なフィールドに、考古学や埋蔵文化財行政の話題を機会を見つけて書いてきた身にとって、この問題が波及する先を見極める、そして、以前からこの問題の根底にあったものを少しでも明らかにしたいという思いが募ったからだ。

かつて、大学の考古学研究室に所属していた。きわめてふまじめな学生だったが、この学問と社会との関係については不思議と関心があった。縁あって新聞社に入ったこともあって、行政の調査員に教員からの出向が増えている問題など、それぞれの勤務地で目についた話題を書いてきた。

そのなかで印象深かったものの一つに、阪神大震災後の被災地での埋蔵文化財調査の様子をレポートしたものがある。地震で家をつぶされた人たちの多くからも、発掘調査は温かい目で、それが大げさであるならば「しなければならないこと（市民として協力する必要のあるもの）」として迎えられていた。露骨にいえば、「復興」の足でまといになるこの

学問が、なぜおおっぴらな批判を受けないのか、わたしにはとまどいが残った。

しかし、しばらくして、この事実こそが、二〇世紀の日本考古学、埋蔵文化財行政の一つの到達点なのだと気づいた。極論すれば、多くの学問的発展よりも、この事実こそが日本考古学のもっとも誇るべきものであると、わたしは思うようになった。社会のなかで存在意義のない学問など必要ないし、この学問がこれほど認知、理解されているということを誇らずして、何を誇るというのか。それがわたしの結論だった。

さて、考古学、埋蔵文化財行政をテーマにした報道には、多くの問題があり、現在も改善されていない。最古最大、フォロー不足、センセーショナリズム。さまざまな指摘は、まさにその通りだと思う。望む、望まないにかかわらず、その末端につらなってきたわが身を、真摯に反省しなければならない。

けれど、今回の捏造発覚以前からあって、以後も強まった「マスコミ批判」の多くは、何の展望も開かない不毛なものだとも思っている。「考古学の成果をマスコミが報道する必要などない」というメディアを敵視するような極端な意見まで接することになったが、およそ理性的な批判とは思えない。被災したあとでさえ、温かい目でこの学問が迎えられたという事実は、行政の職員や学者先生たちの努力だけの賜物では決してない。

一方で、マスメディアによる報道が及ぼした負の作用として「捏造」があったことも、また事実として厳然とある。報道の量は現状を維持し、質を高めていくにはどうしたらいいか。微力なわたしには今、回答を用意することはできない。しかし、この問題の追求こそが、社会と考古学・埋蔵文化財行政との関係の成熟化に、メディアが少なからず貢献できる存在に転化できるかどうかの分岐点になるはずだ。

最後に、学問的方法論を除く、考古学、行政の今後について、思うところを述べたい。毎日新聞の「記者の目」というコーナーに二〇〇一年三月、「転換期の埋蔵文化財行政」と題する記事を書いた。これに対して、さまざまなご意見をいただいたが、そのなかに「行政が考古学を支えているという仕組みが、根本的におかしい」という意見もあった。原則的にはその通りだろうと思う。

しかし、である。考古学が大地に刻まれ、埋蔵された人々の生活の痕跡を対象とする学問であるという特質が、現代の人々の生活を否応なく巻き込まざるをえないという事実は動かし難い。しかも、この国の遺跡密度は濃い。遺跡破壊を完全に黙認する道をとらない限り、「私権」に一定程度、踏み込まなければならない。公の機関の関与という選択以外、公平性の点から考えてもない。根本的には「支える」質を問題にしなければならないはずだ。

現状で十分ではないのは明らかだ。「記者の目」でも書いたが、文化庁を頂点とする埋文行政はこれまで、一貫して「受け身」「現状追認」であったし、長期的な戦略も見られなかった。最前線の行政職員の多くは孤立し、普遍的な遺跡保護の方針がないまま、幸運な遺跡だけがわずかに残された。

かつて、大阪大学の都出比呂志先生から、大学などの研究機関と、行政との間をつなぐ「研究センター」を作ってはどうかという案をうかがったことがある。遺跡調査機関にとどまる既存の「埋文センター」、また奈文研「埋文センター」のような「指導機関」とは本質的に異なる「センター」というのが都出先生の構想だったが、このように小手先ではない将来展望の構築が今こそ必要だ。少なくとも、そうでないと、失墜した考古学への信頼回復はない。いや、不必要な学問として、市民から見捨てられるかもしれない。それぐらいの危機感をわたしは持っている。

脆弱さを露呈した考古学〜捏造発覚から一年に思う〜

宮代栄一（朝日新聞社東京本社学芸部記者）

東北旧石器文化研究所元副理事長の藤村新一氏による発掘捏造発覚から一年が過ぎようとしている。この二一世紀最初の年は、考古学研究者、なかでも旧石器時代を専門とする多くの人々にとっては、まさに悪夢だったといってよいのではなかろうか。これまで信じていた自らの学問的枠組みが灰燼に帰すと同時に、捏造を見抜けなかった学問的責任を糾弾されるという、かつてない嵐に身をさらすことになったのだから。

社会の厳しい目は、調査者の発表を報じていたマスメディアにも向けられている。わたし自身も「あなたはれっきとした当事者の一人だ。責任をどう取るつもりか」としばしば言われた。そのたびに「今後は考古学により厳しい目を向け、記事を書くことを通じ、贖罪を果たしていきたい」と答えてきたのだが……。では、考古学界の現状はどうなのか。

日本考古学協会は今年、旧石器発掘捏造検証のための特別委員会を発足させ、来年五月の総括に向けて、石器や遺構などを中心に、各種の検証作業を着々と進めている。実際、宮城県の上高森遺跡や座散乱木遺跡の発掘調査は、実際、考古学協会が主体で行なわれることになりそうだ。学術団体で、基本的に発掘の実働部隊を持っていない同協会としては、大英断といえるだろう。このほか埼玉や山形など検証の動きは全国に広がりつつある。

が、その一方、わたしは、考古学者の多くが依然、この事件を、純粋に旧石器研究だけの問題としてとらえようとしていることに危惧を覚えている。なぜなら、ここには、日本考古学界が抱える、さまざまな「方法論としてのもろさ」が凝縮されていると考えるからだ。

たとえば、発掘方法だ。埼玉県の小鹿坂遺跡で見つかった約数千万年前とされる「原人の生活遺構」は、検証作業の結果、「すべて人工品ではない」ことが明らかになった。宮城県上高森遺跡の建物跡についても同様だ。といっても、藤村氏が捏造したわけではない。

〝原人が祭りをした跡〟といわれた土地の盛り上がりは、ただの自然地形だった。囲む溝は断層が表面に現れた跡だった。柱穴も、調査担当者の「ここにあるはず」との思いこみの結果、「見えてしまった」可能性があるとされる。すべては考古学者の見誤りだったのだ。これは彼らが単におひとよしだったとか騙されたという問題ではない。

問題は、調査担当者が「石器があるのなら遺構があっても」との思い込みのもと、発掘を進めたことにある。一連の前期旧石器フィーバーのなかで、周囲の研究者までもが「藤村氏なら」と盲信し、新発見を期待する空気に侵されていた。その結果、判断に狂いが生じ、捏造石器に引っ張られる形で遺構を「見つけた」のだろう。そして、このことは「発掘の客観性とは何か」という、大きな命題をわたしたちに突きつける結果となった。

もう一つは、出土遺物や遺構の「解釈」に関する問題である。考古学は「もの」の学問だ。捏造という特殊なケースを除けば、遺物はうそをつかないし、だからこそ、遺物の〝新発見〟が歴史を書き換えるということがしばしば行なわれてきた。しかし、その出土遺物を解釈するのは、考古学者という現代人なのである。そして、現代人の常識に基づく解釈が、古代人にも通じる保証はどこにもない。このことを多くの考古学者は忘れていた。

埼玉県秩父市で見つかった、原人のものとされる一六〇余点の旧石器は、当初から大半が地元の石でなく、東北地方の石で作られていることがわかっていた。従来の原人の行動様式にあてはめれば、彼らが石器を持って数百キロを移動することは、まずあり得ない。が、ここでも調査担当者は、ずっと後の縄文人や現代人の常識にあてはめ、「原人が東北から旅してきた」と解釈してしまった。実際に旅したのは、ほかならぬ藤村氏だったのだが。

このようなケースは旧石器時代に限らない。邪馬台国畿内説や、狗奴国の所在地論争をめぐって、恣意的な解釈や強引な主張、仮説に仮説を継ぐ論議がいかに平然と行なわれていることか。考古学の学問性は、じつは今や風前のともし火なのである。

わたしは、今回の事件は、慣習と前例に頼り、職人芸的な調査や推論に次ぐ推論に頼ってきた、日本考古学界が陥った大きな落とし穴であると考える。考古学は歴史を語る学問だと言いながら、わたしたちは「解釈」の方法を、理論としてシステムとして確立する作業を怠ってきた。そのつけが回ってきたのである。

が、このどん底は考古学の再生を目指すものにとっては、むしろ好機かもしれない。しがらみにとらわれた過去の研究史を再検討し、その精算のうえに、若手が中心となって、社会的に受け入れられる新たな日本考古学を構築していってほしい。そのために微力を尽くせれば……というのが、今のわたしのささやかな決意である。

〝いい人の集団〟では、いられない

片岡正人（読売新聞社文化部記者）

いわゆる前期旧石器捏造問題を考えるとき、大きく分けて二つの問いの立て方があるように思う。

ひとつは、なぜ、藤村新一氏はこのようなことをしでかしたのか。

もうひとつは、なぜ、考古学界は捏造を見抜けなかったのか、である。

まず、後者について考えてみたい。原因はいろいろあるだろう。根本的には、研究者というのは人のいい集団だったということである。遺跡が捏造されるなどということは誰も考えてもみなかった。さらには、誰も本当の日本の前期旧石器を見たことがなかった。だから、出てきたものをそうだと思うしかなかったわけだ。一部に疑問点を指摘する声もあったが、発見を歓迎する学界、社会のムードにかき消されていった。

結果、考古学はとくに旧石器研究が学問の名に値するのかどうかが問われることとなった。発覚当初は、捏造はかなり限られたものなのではないかとする空気が学界では支配的だった、ゆえに他にはどれがクロなんだ、という態度だった。しかし、発覚した時点で藤村氏が関わった遺跡はすべて灰色であり、学術的価値はゼロになったのである。そういう突き放した態度をとれた研究者はほんの一握りだった。ここでも人のよさがでている。

こうしたムードが一変したのは、一斗内松葉山遺跡で二〇〇一年の五月に、何者かに埋められたとみられる石器が発見されたからだ。引き続いて再発掘が行なわれた柚原3遺跡も、小鹿坂遺跡など秩父市の九遺跡も、総進不動坂遺跡の九八、九九年発掘分も、クロもしくは事実上クロの判定が下され、わが国前期旧石器研究の第一歩となった座散乱木遺跡を始め七道県四十二遺跡での捏造を藤村氏が告白するに至って、ようやくいわゆる藤村遺跡は全滅であるという認識が共通のものになってきた。

しかし、クロであると判断された理由は、発掘範囲を広げたが新たな石器が出ない、新たに出た石器には現場にはない土が付いている、石器が故意に埋められた痕跡がある、などである。常識的に考えればクロでいいのだろう。しかし、はっきり言って、こんな証拠では刑事裁判なら藤村氏は無罪放免である。

クロか灰色にかかわらず、多くの研究者がこうした検証作業を通じて、学術的な資料としては扱えないとの意識が定着してきたこと自体は歓迎したい。しかし、〝クロ〟であると明らかにできたことが石器研究の進歩だととらえるのだとしたら、人がいいのも甚だしいと言わざるを得ない。産状を確認するという考古学の基本をおろそかにしていたことが確認できただけなのだ。捏造されたと言われる石器を見て、これは前期旧石器ではないと断定できる根拠は未だに誰も持ち合わせていないのが現実なのである。自らの未熟を自覚し、一から研究をやり直していくしか、学界が信頼を回復する手立てはない。

ここで前者の問いを考えてみたい。捏造が発覚した際の記者会見で藤村氏が述べた発言がある。「プレッシャーがあった」と。小鹿坂遺跡で前期の遺構が多数発見され、上高森遺跡でももっとすごいものを発見したかったと。しかし、原人の住居か、墓か、と騒がれた小鹿坂遺跡の遺構も捏造されたことが明らかになった現時点では、この言葉を信用するわけにはいかなくなった。氏の発言から、最古最古と追い立てるマスコミの責任も問われたが、座散乱木遺跡から捏造が行なわれていたということは、マスコミが騒ぐ以前からのこととなり、マスコミ報道との因果関係は考えにくくなる。やはり、これればかりは改めて本人の口から明らかにしてもらうほかないだろう。

ただ、マスコミの考古学報道が従来のままでいいということはまったくない。少なくとも発表者の発言を鵜呑みにしないだけの知力と体力が求められていると強く自戒している。

捏造は当初から?

毛利和雄（ＮＨＫ解説委員室解説委員）

在野の考古学研究者だった藤森栄一が、長野を訪れた青年の宮様を遺跡めぐりに案内した若き日の思い出を書いている。藤森青年が、自ら発掘したり、表面採集するときは遺物がそんな簡単に手に入ることはないのに、宮様が案内人のあとをついて遺跡をまわると「磨石斧」が見つかるし、遺跡を掘るとどこでも「完全な形の土器」が出土するのだ。その理由が宮様にはよくわかっていて、それとなく指摘を受けた藤森青年は、宮様の考古学的な素養に感銘を受けたという。

それから七〇年、日本の社会そのものも考古学を取り巻く環境も大きく変わったなかで、今回の捏造事件が発覚した。

日本考古学協会と各地の教育委員会などによる検証のための発掘調査が、二〇〇一年の四月から粛々と進められている。福島県の一斗内松葉山遺跡、山形県の袖原3遺跡、埼玉県秩父市の小鹿坂遺跡・長尾根遺跡・長尾根南遺跡、北海道の総進不動坂遺跡。検証の結果は、いずれも〃黒色に近い灰色〃だ。出土した石器は下面に移植ゴテを指しこんだ跡が残っているうえ、石器の表面に他の土がついて最近埋めたことがわかるなど、捏造の疑いが強まった。

開発ですでに遺跡はなくなっている東京都の多摩ニュータウンNo471B遺跡は、石器の出土状況や石器の素材がいずれも東北のものであるなど不審な点が多く、〝灰色〟だ。九月後半に日本考古学協会特別委第1作業部会と宮城県考古学会が、藤村コレクションと宮城県内の遺跡から出土した石器を合同検証した結果、座散乱木遺跡と馬場壇A遺跡から出土した石器の中にも「捏造の可能性が高い」ものがあることが指摘された。「前期・中期旧石器」に農耕具などで傷つけられたガジリや線状鉄痕がみられるものがあり、「後期旧石器」の中にも、日本では縄文時代以降に出現されるとされる加熱処理して押圧剥離されたものがみられるというのだ。

座散乱木遺跡は「前期旧石器文化存否論争」に決着をつけたとされるが、問題の研究者が関係したなかではもっとも早く、二五年前に発掘が始まった遺跡である。その石器に問題があるということは、そのすべてが、捏造ではないとしても、当初から捏造があったと考えざるをえない状況だ。検証の発掘の成果から想定すると今回の捏造は、遺跡の探査に出向くと露頭から石器がかなりの数みつかる。発掘の際には、なかなか石器が出土せず参加者全員にあせりの色が見え始めた頃、彼が石器を突然掘り出すというパターンがみられる。河合信和さんの本からもうかがえるように、そうした状況は、一九八〇年代の当初から起こっていたこととも符合する。

ということは、今度の捏造事件は、問題の研究者が、まわりの圧力に追い詰められ、「魔が差して」起こしたことではないことを示していよう。アマチュアの収集家は、自分が拾った石器を専門の研究者に褒められると、その研究者は貴重な資料として石器を褒めた場合でも、自分が褒められたような晴れがましい気持ちになるという。まだ無名のアマチュアの青年が、自分を認めてもらいたくて始めたことが、次第に拡大していき、相次ぐ「発見」で「神の手」とあがめられるようになったのだろうか？

それにしても、まわりで一緒に活動してきた人たちが何故、捏造に気づかないままであったのだろうか？　研究者が拾ってきた石器の評価に当初から問題があった。遺跡の探査や発掘の場で不正が行なわれるはずがないという思い込みがあり、「出土」したものがおかしいのではないかという検討ではなく、「出土」したことを前提に、「出土」したものの意味を探ることだけに傾斜していった、など検討してみなくてはいけない点が多く、今後の検証に期待したい。

今から七〇年も前の話を持ち出すと、日本の考古学に対していたずらに誤解を招くものだとお叱りを受けるかもしれないが、偽物づくりや発掘現場での捏造は考古学についてまわるものだということが現代の日本で忘れさられていたのは何故なのだろうか？

（二〇〇一年一〇月一日稿了）

脱稿後、問題の研究者が一九八一年の座散乱木遺跡の第三次調査から捏造していたことを告白したことが考古学協会の二〇〇一年度大会で報告された。捏造が座散乱木遺跡の第一次調査まで遡るかどうか、今後の検証の課題となっている。

第四部　資　料　編

資料1　日本の前期旧石器研究史と関連事項

年　月	前期旧石器関係事項	主要な旧石器関係事項
一九〇七年		神奈川県早川などで旧石器発見？（マンロー）
一九一七～一八年		大阪府国府遺跡で旧石器探究（浜田耕作）
一九二九～三二年		ヨーロッパの旧石器文化紹介（大山　柏）
一九三一～三三年		兵庫県明石西八木で「明石人」発見、発掘（直良信夫、長谷部言人）
一九四九年		群馬県岩宿遺跡発見（相沢忠洋、杉原荘介）
一九五一年		東京都茂呂遺跡調査（吉田　格・杉原・芹沢）
一九五三年	青森県金木遺跡調査（杉原荘介）	
一九五四年		『日本旧石器時代の研究』出版（直良信夫）
一九六二～六六年	大分県丹生遺跡調査一～六次（角田文衛、佐藤達夫）	
一九六四年	大分県早水台遺跡調査（芹沢長介）	長崎県福井洞穴調査（芹沢長介）
一九六五年	愛知県加生沢遺跡調査（紅村　弘）	
一九六五～七八年	栃木県星野遺跡調査一～五次（芹沢長介）	
一九六八年	栃木県大久保遺跡調査（芹沢長介）	
一九六八～六九年		沖縄県港川フィッシャー発見、調査「港川人」（大山盛保、鈴木　尚）
一九六八～七〇年	山形県上屋地遺跡調査（加藤　稔）	
一九七〇～七一年	群馬県岩宿遺跡Ｄ地点一～二次調査（芹沢長介）	
一九六八～六九年		神奈川県月見野遺跡群調査（戸沢充則）
一九六九～七〇年		東京都野川遺跡調査（J.E.Kidder）
一九七三～七四年		東京都西之台遺跡調査（J.E.Kidder）
一九七四年		東京都中山谷遺跡調査（J.E.Kidder）
一九七六年		東京都高井戸東遺跡調査（江坂輝弥）
一九七四～八〇年		東京都鈴木遺跡調査（加藤有次）
一九七七～七八年		東京都はけうえ遺跡調査（吉田　格）
一九七九年十月		『日本旧石器文化の編年』発表（小田・Keally）
一九八〇年		『日本の旧石器』出版（赤澤・小田・山中）
一九八〇年	宮城県山田上ノ台遺跡で前期旧石器調査（仙台市教育委員会）	
一九八一年	宮城県座散乱木遺跡第三次調査（東北歴史資料館・石器文化談話会）	

一九八一年	宮城県旧石器研究発表会（東北歴史資料館）
一九八三年一月	宮城県中峯C遺跡で前期旧石器調査（大和町教育委員会）
	パネル・ディスカッション「座散乱木遺跡」（東北歴史資料館）
一九八四〜八六年	宮城県馬場壇A遺跡一〜六次調査（東北歴史資料館・石器文化談話会）
一九八六年	宮城県の前期旧石器批判論文『人類学雑誌』（小田静夫・C.T.Keally）
一九八七年	東京都多摩ニュータウンNo.471―B遺跡調査（東京都埋蔵文化財センター）
一九八八〜九一年	宮城県高森遺跡一〜二次調査（石器文化談話会）
一九九〇年	福島県大平遺跡調査（郡山女子短期大学）
一九九二年	福島県竹ノ森遺跡調査（郡山女子短期大学）
一九九三〜二〇〇〇年	宮城県上高森遺跡一〜六次調査（東北旧石器文化研究所）
一九九三〜九九年	山形県袖原3遺跡一〜四次調査（東北旧石器文化研究所）
一九九四年十一月	シンポジウム「日本最古、高森遺跡」（宮城県教育委員会）
一九九五〜九九年	岩手県ひょうたん穴遺跡一〜五次調査（東北旧石器文化研究所）
一九九五年	福島県原セ笠張遺跡調査（郡山女子短期大学）
一九九八年十一月	シンポジウム「日本列島最古の人類と遺跡」（文部省科研費特別領域研究・東北福祉大学）
一九九八〜九九年	宮城県中島山遺跡一〜二次調査（東北旧石器文化研究所）
二〇〇〇年十一月	宮城県上高森遺跡、北海道総進不動坂遺跡「ねつ造発覚」（毎日新聞十一月五日朝刊）
二〇〇一年一月	シンポジウム「前期旧石器問題を考える」（文部省科研費特別領域研究）

（小田静夫・作成）

資料2　日本の旧石器研究史と前期旧石器問題

時期	年	事項		
発見前史	一九〇七年	早川渓谷で旧石器発見？		
	一九一七～一八年	国府遺跡で旧石器探究	旧石器遺跡（人骨）の探究	
	一九二九～三二年	ヨーロッパの旧石器文化紹介		
	一九三一～三三年	「明石人」発見、発掘		
確立期	一九四九年	岩宿遺跡発見	旧石器遺跡（石器）の確認	
	一九五一年	茂呂遺跡調査		
	一九五三年	金木遺跡調査		
	一九五四年	『日本旧石器時代の研究』出版		
	一九六二～六六年	丹生遺跡調査一～六次	日本最古の遺跡を求めて ―前期旧石器の追求―	確かな石器は時期不明（二次堆積）
	一九六四年	早水台・福井洞穴遺跡調査		
	一九六五年	加生沢遺跡調査		
	一九六五～七八年	星野遺跡調査一～五次		
	一九六八年	大久保遺跡調査		珪岩製前期旧石器は自然物（石）
	一九六八～六九年	港川フィッシャー発見、調査		
	一九六八～七〇年	上屋地遺跡調査		
	一九七〇～七一年	岩宿遺跡D地点一～二次調査		
発展期	一九六八～六九年	月見野遺跡群調査	大規模緊急調査の開始 ―全国編年の確立―	
	一九六九～七〇年	野川遺跡調査		
	一九七三～七四年	西之台遺跡調査		
	一九七四年	中山谷遺跡調査		
	一九七六年	高井戸東遺跡調査		武蔵野台地の発掘で最古の文化層は三万年前まで
	一九七四～八〇年	鈴木遺跡調査		
	一九七七～七八年	はけうえ遺跡調査		
	一九七九年	『日本旧石器文化の編年』出版		
	一九八〇年	『日本の旧石器』出版		
	一九八〇年	山田上ノ台遺跡調査	宮城に前期旧石器 ―藤村新一の登場―	宮城に三万年以前の遺跡が出現
	一九八一年	座散乱木遺跡第三次調査		
	一九八三年	中峯C遺跡調査		
	一九八三年	シンポジウム「座散乱木遺跡」開催		

時期	年	事項		
停滞期	一九八四～八六年	馬場壇A遺跡一～六次調査		
	一九八六年	前期旧石器批判論文『人類学雑誌』	宮城の前期旧石器批判 ―東京に前期旧石器―	
	一九八七年	多摩ニュータウンNo.471―B遺跡調査		
	一九八八～九一年	高森遺跡一～二次調査		前期旧石器の存在 考古学界に定着 概説書、教科書に 記載される
	一九九〇年	大平遺跡調査		
	一九九二年	竹ノ森遺跡調査	福島・山形・岩手 にも前期旧石器	
	一九九三～二〇〇〇年	上高森遺跡一～二次調査		
	一九九三～九九年	袖原3遺跡一～四次調査		
	一九九五～九九年	ひょうたん穴遺跡一～五次調査		
	一九九五年	原セ笠張遺跡調査		
	一九九八年	シンポジウム「日本列島最古の人類と遺跡」開催		
	一九九八～九九年	中島山遺跡一～二次調査	北海道・埼玉にも 前期旧石器	藤村氏関係遺跡の不自然 さが話題になる
	一九九八～二〇〇〇年	総進不動坂遺跡一～三次調査		
	一九九九～二〇〇〇年	小鹿坂・長尾根遺跡調査		
混乱期	二〇〇〇年十一月	上高森、北海道総進不動坂遺跡の「捏造発覚」（毎日新聞）	捏造 発覚	
	二〇〇〇年十二月	「前・中期旧石器検討会」開催（福島）		藤村氏関係三三カ所 の遺跡が灰色に
	二〇〇一年　一月	シンポジウム「前期旧石器問題を考える」開催（東京）		
	二〇〇一年　三月	シンポジウム「石器捏造問題を語る」開催（奈良）		

（小田静夫・作成）

資料3　前期旧石器時代の遺跡分布（藤村氏関係遺跡）

資料4　前期旧石器時代の遺跡分布（藤村氏非関係遺跡）

資料5　藤村氏関係の前期旧石器遺跡一覧

	北海道	岩手県	宮城県	山形県
藤村氏関連遺跡（文化庁登録）	総進不動坂	ひょうたん穴	座散乱木 馬場壇A 高森 上高森 中島山 青葉山E 安養寺2 長原上 山田上ノ台 北前 中峯C 志引 柏木 小泉東山	袖原3 上ミ野A
藤村氏が捏造を認めた遺跡（日本考古学協会）	総進不動坂 下美蔓西 天狗鼻 美葉牛	ひょうたん穴 沢崎	座散乱木 馬場壇A 高森 上高森 中島山 高山館2 青葉山E 沢口 薬莱山39 薬莱山40 安養寺2 大谷地 長原上 蟹沢Ⅱ	袖原3 袖原6 上ミ野A 山屋A 浦山
藤村氏が捏造を認めていない遺跡			山田上ノ台 北前 中峯C 志引 柏木 小泉東山 住吉	

福島県	栃木県	群馬県	埼玉県	東京都
原セ笠張 一斗内松葉山 大平 箕輪宮坂 竹ノ森		下川田入沢 中山峠 桐原	檜木入 上小塚 長尾根北 長尾根南 長尾根 十三仏 並木下 小鹿坂	多摩ニュータウンNo.471—B
金沢山新堤2 原セ笠張 一斗内松葉山		下川田入沢 赤根峠 中山峠	檜木入 万願寺 上小塚 長尾根北 長尾根南 長尾根 十三仏 並木下 小鹿坂 音楽堂裏	
大平 箕輪宮坂 竹ノ森 上野出島	七曲	桐原 加生西	中葉山	多摩ニュータウンNo.471—B

（小田静夫・作成　二〇〇二年三月現在・日本考古学協会、二〇〇一年一〇月・盛岡大会発表資料に基づく）

資料6　前期・中期旧石器時代の調査研究の歩み

一九三六（昭11）年	・阿部西喜夫によって、山形県寒河江《さがえ》市花買場《はなかいば》遺跡から中期旧石器時代のルヴァロア類似の円盤型石核・大型の円形スクレイパーが発見された。
一九四八（昭23）年	・相澤忠洋によって、群馬県新里村**不二山**《ふじやま》遺跡のローム層中よりチョッピングトゥール・斜軸尖頭器・スクレイパーが発見されている。
一九五〇（昭25）年	・相澤忠洋によって、群馬県伊勢崎市**権現山**《ごんげんやま》遺跡のローム層中よりハンドアックス・斜軸尖頭器、スクレイパーなどが発見されている。 ・相澤忠洋によって、群馬県大間々町**桐原**《きりはら》遺跡のローム層中より円盤型石核・斜軸尖頭器、スクレイパーなどが発見されている。
一九六八（昭43）年	・加藤稔らによって、山形県飯豊《いいで》町**上屋地**《かみやち》**B**遺跡の発掘調査が実施された。調査は東北地方で最初の**中期旧石器時代遺跡の発見**となった。
一九六九（昭44）年	・加藤稔らによって、山形県寒河江市**明神山**《みょうじんやま》**B**遺跡の発掘調査が実施され、中期旧石器時代の斜軸尖頭器・ナイフ状石器・鋸歯縁石器・スクレイパーなどが発見された。
一九七四（昭49）年	・藤村新一によって、宮城県岩出山町宮城平《みやぎだい》遺跡の橙褐色の火山灰層上部より削器、剥片などが発見された。
一九七五（昭50）年	・鎌田俊昭・岡村道雄・藤村新一らによって、宮城県岩出山町**宮城平**遺跡の試掘調査が実施され、**中期旧石器時代終末の石器群**が発見された。この調査により宮城県に於て旧石器時代文化を研究するグループ『石器文化談話会』結成の契機となる。 ・宮城県に於て旧石器文化研究団体『**石器文化談話会**』が結成された。 ・藤村新一によって、宮城県岩出山《いわでやま》町**三太郎山**《さんたろうやま》**B**遺跡の白色粘土層（柳沢火山灰層）直上から**中期旧石器時代の両面加工石器・スクレイパー**が発見された。 ・鎌田俊昭・藤村新一によって宮城県古川市**馬場壇**《ばばだん》**A**遺跡の赤色風化火山灰層上部から**中期旧石器時代のスクレイパー**が発見された。 ・藤村新一によって、宮城県岩出山町三太郎山B遺跡の橙色火山灰層上部から中期旧石器時代の切出形石器・スクレイパーなどが発見された。
一九七六（昭51）年	・鎌田俊昭・藤村新一・梶原洋によって、宮城県岩出山町**座散乱木**《ざざらぎ》遺跡の赤色風化火山灰層上部より**中期旧石器時代の斜軸尖頭器**が発見された。

年	事項
一九七九（昭54）年	・藤村新一によって、宮城県岩出山町**安沢《やすざわ》A**遺跡の赤色風化火山灰層上部より円盤型石核・斜軸尖頭器・スクレイパーが発見された。
一九八〇（昭55）年	・石器文化談話会によって、宮城県岩出山町座散乱木遺跡の赤色風化火山灰層から中期旧石器時代の斜軸尖頭器・打製石斧・クリーバー・ピック・スクレイパーなどが発見された。 ・藤村新一によって、宮城県大衡《おおひら》村金谷《かなや》遺跡の赤色風化火山灰層から中期旧石器時代のスクレイパー・剥片が発見された。 ・藤村新一によって、宮城県古川市馬場壇A遺跡の馬場壇軽石層（荷坂火山灰層）直下から中期旧石器時代の斜軸尖頭器・スクレイパー・大形剥片などが発見された。 ・中国科学院古脊椎動物考古人類研究所　裴文中《はいぶんちゅう》博士来仙。東北大学に於いて北京原人と周口店《しゅうこうてん》遺跡について講演が開催された。 ・仙台市教育委員会によって、宮城県仙台市**山田上ノ台《やまだうえのだい》**遺跡の発掘調査が実施された。**宮城県の最初の前・中期旧石器時代遺跡の調査**となった。
一九八一（昭56）年	・鎌田俊昭・藤村新一によって、宮城県色麻《しかま》町除《のぞき》遺跡の赤色風化火山灰層から中期旧石器時代のスクレイパー・剥片が発見された。 ・鎌田俊昭・横山裕平・藤村新一らによって、宮城県古川市馬場壇D遺跡に於いて中期旧石器時代のスクレイパー・剥片が発見された。 ・鎌田俊昭・藤村新一によって、宮城県小野田《おのだ》町**薬莱山《やくらいさん》F**（No.６）遺跡に於いて中期旧石器時代の半両面加工石器・鋸歯縁石器などが発見された。 ・石器文化談話会によって、**座散乱木遺跡第三次発掘調査**が実施された。中期旧石器時代の尖頭器・斜軸尖頭器・スクレイパーなどが出土した。山田上ノ台遺跡・座散乱木遺跡の調査により**『前・中期旧石器時代存否論争』にピリオド**がうたれた。
一九八二（昭57）年	・鎌田俊昭・藤村新一によって、宮城県利府《りふ》町後楽東《こうらくひがし》遺跡の赤褐色火山灰層上面から中期旧石器時代のスクレイパー・剥片が発見された。 ・藤村新一によって、宮城県富谷《とみや》町宮ノ沢《みやのさわ》遺跡の橙褐色火山灰層上部から中期旧石器時代の斜軸尖頭器・スクレイパー・剥片などが発見された。 ・仙台市教育委員会によって、仙台市**北前《きたまえ》**遺跡の発掘調査が実施された。中期旧石器時代の斜軸尖頭器・打製石斧・スクレイパ

	ーなどが出土した。
一九八三（昭58）年	・多賀城市教育委員会によって、**志引《しびき》**遺跡の発掘調査が実施された。海岸部で最初に発見された中期旧石器時代遺跡となった。 ・鎌田俊昭・藤村新一によって、宮城県利府市町山屋敷《やまやしき》遺跡の赤褐色火山灰層中から中期旧石器時代のハンドアックス状の両面加工石器・スクレイパー・剥片などが発見された。 ・宮城県教育委員会によって、大和町**中峯《なかみね》C**遺跡の発掘調査が実施された。**原人**が残した三〇万年前を遡る**前期旧石器時代の石器群が出土**した。
一九八四（昭59）年	・東北大学埋蔵文化財調査室によって、仙台市**青葉山《あおばやま》B**遺跡の発掘調査が実施され、前期・中期旧石器時代の石器群が発見された。 ・石器文化談話会によって、古川市**馬場壇A遺跡第一次発掘調査**が実施され、前期・中期旧石器時代の石器群が発見された。以後、第二次～六次まで東北歴史資料館と共催。 ・藤村新一によって、仙台市**住吉《すみよし》**遺跡の赤褐色火山灰層中から中期旧石器時代のスクレイパー・剥片が発見された。
一九八五（昭60）年	・武田良夫・菊池強一によって、岩手県宮守《みやもり》村**金取《かなとり》**遺跡から中期旧石器時代の打製石斧・円盤形石核などが発見された。
一九八七（昭62）年	・鎌田俊昭・藤村新一によって、宮城県多賀城市**柏木《かしわぎ》**遺跡の赤褐色火山灰層から中期旧石器時代のスクレイパー・剥片などが発見された。 ・多賀城市教育委員会によって、柏木遺跡の発掘調査が実施された。中期旧石器時代の斜軸尖頭器・尖頭スクレイパーなどが出土した。 ・**〔財〕東京都埋蔵文化財センター**によって、**多摩ニュータウン471―B遺跡の発掘調査**が実施された。東京軽石層直上・直下から中期旧石器時代の尖頭器・斜軸尖頭器・ヘラ状石器などが出土した。**南関東では最古の遺跡**の発見となった。
一九八八（昭63）年	・関矢　晃、石器文化談話会有志によって、群馬県新里村**入ノ沢《いりのさわ》**遺跡の榛名―八崎軽石層（Hr―Hp）直上・直下から中期旧石器時代のスクレイパー・石核・剥片が発見された。 ・A・P・ジェレビャンコ・鎌田俊昭・梶原　洋・藤村新一によって、宮城県築館《つきだて》町高森《たかもり》遺跡A地点に於いて軽石層直下から尖

	頭礫器・両面加工石器・スクレイパー・剥片など一四点の石器群が発見された。 ・石器文化談話会によって、築館町**高森遺跡第一次発掘調査**が実施された。 ・**前期旧石器時代の小形両面加工石器**・尖頭礫器・ヘラ状石器・錐状石器・スクレイパー・ノッチ・両極石核などが出土している。**宮城県最古の前期旧石器時代遺跡**の発見となった。 ・柳田俊雄・藤村新一によって、福島県西白河郡東村**上野出島**《かみのでじま》遺跡の鹿沼軽石層直下より**中期旧石器時代の斜軸尖頭器**・尖頭器・スクレイパーなどが発見されている。
一九八九（平元）年	・柳田俊雄・藤村新一・藤原妃敏らによって、福島県西白河郡西郷《にしごう》村**大平**《おおひら》遺跡の行川《なめかわ》軽石層直下より中期旧石器時代の斜軸尖頭器・尖頭器・スクレイパーなどが発見されている。 ・戸田正勝・岡村道雄・藤村新一らによって、栃木県那須《なす》町**七曲**《ななまがり》遺跡の行川軽石層直下より**中期旧石器時代の斜軸尖頭器**・ナイフ状石器・スクレイパーなどが発見された。
一九九〇（平2）年	・東北福祉大学によって、村田町小泉《こいず》東山《ひがしやま》遺跡の発掘調査が実施された。宮城県南部に於いて最初の前期・中期旧石器時代遺跡の調査となった。 ・郡山女子大学短期学部によって、福島県西郷《にしごう》村大平《おおひら》遺跡の発掘調査が実施された。**福島県最初の中期旧石器時代**の発掘調査となった。 ・児玉哲也・鈴鹿八重子・新村新一によって、福島県福島市**竹ノ森**《たけのもり》遺跡の阿蘇《あそ》四（ASO—4）テフラ層直上より中期旧石器時代のスクレイパー・剥片が発見された。
一九九一（平3）年	・郡山女子大学短期学部によって、福島県西郷村大平遺跡の第二次発掘調査が実施された。五万年前の中期旧石器時代の両面加工石器・半両面加工石器・斜軸尖頭器・尖頭スクレイパーなどが出土している。 ・東北歴史資料館によって、築館町**高森遺跡の第二次発掘調査**が実施された。前期旧石器時代のハンドアックス状の両面加工石器・クリーバー・小形のスクレイパーなどが出土している。
一九九二（平4）年	・桐原遺跡調査団（芹沢長介・関矢晃）によって、群馬県大間々町**桐原**《きりはら》遺跡の発掘調査が実施された。調査の結果、鹿沼《かぬま》軽石層

直下より中期旧石器時代の片刃両面加工石器・斜軸尖頭器・ナイフ状石器などが出土している。

・一九五〇（昭25）年に相沢忠洋が本遺跡に於いて、鹿沼軽石層の下位から斜軸尖頭器・切出し型ナイフ・円盤形石核など六点の石器を発見している。

・梶原　洋・横山裕平・鎌田俊昭・藤村新一によって、山形県尾花沢《おばなざわ》市**袖原**《そではら》**3**遺跡の三瓶木次《さんべきつぎ》火山灰（ＳＫ）層下にある赤色風化火山灰層上部より**クリーバー**・石核が発見された。

・郡山女子大学短期大学部によって、福島県福島市竹ノ森遺跡の発掘調査が実施された。中期旧石器時代の両面加工石器・ヘラ状石器・斜軸尖頭器・尖頭スクレイパーなどが出土している。

・東北歴史資料館によって、築館町高森遺跡の第三次発掘調査が実施された。Tm—1直下より前期旧石器時代の石器が発見された。

・藤村新一・鎌田俊昭によって、宮城県築館町**上高森**《かみたかもり》遺跡のTm—16テフラ層直下より両面加工石器・スクレイパーが発見された。

・藤村新一、**第一回『相澤忠洋賞』**を受賞［於：相澤忠洋記念館］。

・鎌田俊昭・藤村新一・横山裕平によって、**東北旧石器文化研究所が設立**された。

一九九三（平5）年

・袖原遺跡調査団によって、山形県尾花沢市**袖原3**遺跡の発掘調査が実施された。斜軸尖頭器・ハンドアックス状の両面加工石器・鋸歯縁石器・錐状石器などの中期旧石器時代の石器群が出土した。

・宮城県教育委員会によって、築館町高森遺跡の年代測定が**約五〇万年前**であることが発表された。

・藤村新一によって、宮城県一迫《いちはさま》町**古屋敷**《ふるやしき》遺跡から前期旧石器時代のクリーバー・三稜尖頭器（ピック）・スクレイパーなどが発見された。

・藤村新一によって、宮城県築館町**蟹沢**《かにさわ》遺跡から前期旧石器時代のスクレイパー・石核・剥片が発見された。

・岩手県文化振興事業団埋蔵文化センターによって、岩手県金ケ崎《かながさき》町**柏山**《かしわやま》**館跡**の発掘調査が実施された。**中期旧石器時代の斜軸尖頭器**・スクレイパーなどが出土している。

・郡山女子大学短期大学部によって、福島県福島市竹ノ森遺跡の第二次発掘調査が実施された。斜軸尖頭器・尖頭スクレイパーなどの中期旧石器時代の石器が出土した。

・藤村新一によって、山形県尾花沢市袖原3遺跡の袖原第二軽石（SD―2）層直下から前期旧石器時代の鉄石英製のスクレイパーが発見された。

・上高森遺跡調査団によって、築館町上高森遺跡の発掘調査が実施された。前期旧石器時代のハンドアックス状の両面加工石器・クリーバー・スクレイパーなどがTm―14直上・直下より出土した。

一九九四（平6）年

・藤村新一によって、宮城県大衡村金谷遺跡から中期旧石器時代の尖頭器・スクレイパー・剥片が発見された。

・藤村新一によって、山形県新庄市《しんじょう》**山屋A**《やまや》遺跡から前期旧石器時代の両面加工石器・スクレイパー・剥片などが発見された。

・袖原遺跡調査団によって、山形県尾花沢市袖原3遺跡の第二次発掘調査が実施された。袖原第二軽石（SD―2）層直下および下位より前期旧石器時代のハンドアックス状の両面加工石器・ナイフ状石器・台形石器・チョッパーなどが出土した。

・藤村新一によって、山形県尾花沢市袖原4遺跡から中期旧石器時代の斜軸尖頭器・尖頭スクレイパーなどが発見された。

・藤村新一によって、山形県尾花沢市袖原5遺跡から中期旧石器時代の斜軸尖頭器・尖頭スクレイパー・錐状石器などが発見された。

・渋谷孝雄・藤村新一らによって、山形県尾花沢市**浦山**《うらやま》遺跡SD―2直上から前期旧石器時代のスクレイパー・剥片が発見された。

・藤村新一によって、宮城県色麻町《しかま》**中島山**《なかじまやま》遺跡のSD―2直上の風化火山灰層より前期旧石器時代のクリーバー・ハンドアックス状の両面加工石器・小型両面加工石器などが発見された。

・藤村新一によって、宮城県色麻町中島山遺跡の成層火山灰層直下から中期旧石器時代の斜軸尖頭器・削器・鋸歯縁石器などが発見された。

・馬場秀之・児玉哲也・鈴鹿八重子・藤村新一によって、福島県二本松市《にほんまつ》**原セ笠張**《はらせかさはり》遺跡の赤褐色火山灰層上部から中期旧石器時代の尖頭スクレイパー・錐状石器・スクレイパーなどが発見された。

・鎌田俊昭・梶原洋・横山裕平・藤村新一によって、宮城県築館町上高森遺跡の倉ノ沢《くらのさわ》第一テフラ層直下から前期旧石器時代のハンドアックス状の両面加工石器・クリーバー・ヘラ状石器・チョッピングトゥール・チョッパー・尖頭器・スクレイパーなどが発見された。

・藤村新一によって、宮城県築館町上高森遺跡の倉ノ沢第一テフラ層下位の水成堆積層直上からハンドアックス状の両面加工石器・クリーバーが発見された。［**日本最古の石器群発見！**］。

・上高森遺跡調査団によって、築館町上高森遺跡の第二次発掘調査が実施された。A地点ではTm―14直下・直上より前期旧石器時代のハンドアックス状の両面加工石器・クリーバーなどの石器群が出土した。B地点ではKs―1直下より**埋納遺構**《まいのういこう》**『デポ』**よりハンドアックス状の両面加工石器・クリーバー・小形の石器などが六点発見されている。Ks―1下位の湖成層直上砂質層上部よりハンドアックス状の両面加工石器・クリーバー・スクレイパーなどの前期旧石器時代の石器群が出土している。

・東北歴史資料館によって、築館町高森遺跡の第四次発掘調査が実施された。Ks―1直下、Tm―1直下・直上から石器が出土している。

一九九五（平7）年

・宮城県小野田《おのだ》町薬莱山《やくらいざん》36―B遺跡の赤褐色風化火山灰層上部から斜軸尖頭器・尖頭スクレイパー・縦長剥片などが発見された。

・瓢箪穴遺跡調査団によって、岩手県下閉伊《しもへい》郡岩泉《いわいずみ》町**瓢箪穴**《ひょうたん》遺跡の発掘調査が実施された。**中期旧石器時代の斜軸尖頭器**・尖頭スクレイパーなどと共にクマの歯が発見された。

・山形県埋蔵文化財センターによって、山形県寒河江《さがえ》市**富山**《とやま》遺跡発掘調査が実施された。その結果、赤褐色風化土層中から**中期旧石器時代**のヘラ状石器・クリーバー状の石器・円盤形石核・縦長剥片などが発見された。

・郡山女子大学短期大学部によって、福島県二本松市原セ笠張遺跡の発掘調査が実施された。その結果、安達太良《あだたら》二本松第四（Ad―N4）テフラ層の約一・五m下位より前期旧石器時代の小型剥片石器四点が発見された。

・東北旧石器文化研究所「鎌田俊昭・藤村新一・横山裕平」、**第四回『相澤忠洋賞』**受賞［於：相澤忠洋記念館］。

・上高森遺跡調査団によって、築館町上高森遺跡第三次発掘調査が実施された。その結果、B地点では**二つの石器一括埋納遺構**と二カ所の石器集中区が発見された。埋納遺構一は径四五cm×二五cmで深さ一〇cmの**楕円形の穴に尖頭器と両面加工石器など一五点の石器**が敷き詰められたように埋納されていた。埋納遺構2は径二〇cm×二〇cmで深さ数cmのほぼ円形の浅い穴から両面加工石器など三点が発見された。

・柳田俊雄・鈴鹿八重子・藤村新一らによって、福島県二本松市原セ箕輪《はらせみのわ》遺跡A地点から中期旧石器時代の斜尖頭器二点を表採。B地点の二本松第三軽石（N3）層直下から中期旧石器時代のスクレイパー・剥片を発見された。

一九九六（平8）年

・北上川流域の旧石器時代遺跡分布調査（主体：東北歴史資料館）。宮城県河南《かなん》町関ノ入《せきのいり》遺跡から中期旧石器時代の斜軸尖頭器・縦長剥片などが発見された。

・瓢箪穴遺跡調査団によって、岩手県下閉伊郡岩泉町瓢箪（ひょうたん）穴遺跡の第二次発掘調査が実施された。中期旧石器時代の斜軸尖頭器・スクレイパー・マシジミ・獣骨片（シカ）などが発見された。

・東北大学埋蔵文化財調査センターによって、宮城県仙台市青葉山E遺跡の発掘調査が実施された。その結果、中期旧石器時代の斜軸尖頭器・スクレイパー・剥片などが発見された。

・郡山女子大学短期大学部によって、福島県二本松市原セ笠張遺跡第二次発掘調査が実施された。その結果、安達太良二本松第四（Ad―N4）テフラ層の約一・五m下位からヘラ状の両面加工石器・小形両面加工石器・ナイフ状石器（一五〜二〇万年前）などが、また約三m下位からクリーバー・スクレイパー（二〇〜三〇万年前）などが発見された。

・関矢　晃・藤村新一によって、群馬県北群馬郡子持村**加生西**《かせにし》遺跡から中期旧石器時代の斜軸尖頭器三点、スクレイパー一点が発見された。

・藤村新一によって、宮城県岩出山町安沢B遺跡に於て中期旧石器時代の斜軸尖頭器・縦長剥片などが発見された。

・袖原遺跡調査団によって、山形県尾花沢市袖原3遺跡第三次発掘調査が実施された。その結果、前期旧石器時代の石器群が発見された。第一九層上面からハンドアックス状の両面加工石器・クリーバーが、第二二層上面から小形の両面加工石器・ヘラ状石器・鋸歯縁石器などが、第二三層上面からハンドアックス状の両面加工石器・クリーバー・ヘラ状の半両面加工石器・尖頭器・鋸歯縁石器・スクレイパー・二次加工のある剥片などが、火砕流堆積層直上から尖頭石器・スクレイパー・クサビ形石器が出土している。

一九九七（平9）年

・瓢箪穴遺跡調査団［東北旧石器文化研究所・東北福祉大学考古学研究会］によって、岩手県下閉伊郡岩泉町瓢箪（ひょうたん）

穴遺跡第三次発掘調査が実施された。その結果、A区一八層上面から中期旧石器時代の尖頭器・両刃のサイドスクレイパーが、E区六層上面から中期旧石器時代の尖頭器・斜軸尖頭器・サイドスクレイパー・二次加工のある剥片など五点が出土している。また、A区八層中から後期旧石器時代初頭のナイフ形石器一点、熊の歯と骨片が発見された。

・郡山女子大学短期学部によって、福島県二本松市原セ笠張遺跡第三次発掘調査が実施された。その結果、第四文化層からヘラ状の両面加工石器・尖頭器・スクレイパーなどが、第五文化層からチョッピングトゥールが発見された。

・関矢　晃・藤村新一によって、群馬県北群馬郡高山村**中山峠**遺跡に於いて**中期旧石器時代の斜軸尖頭器**・スクレイパー・剥片など四点の石器が発見された。

・袖原遺跡調査団によって、山形県尾花沢市袖原3遺跡第四次発掘調査が実施された。その結果、第四文化層から二一点が、第五文化層から四点が、第七文化層から一一点の前期旧石器時代の石器群が発見された。それらは、ヘラ状の両面加工石器・クリーバー状の石器などである。

・藤村新一・相沢正信によって、山形県尾花沢市袖原3遺跡第一二層上面出土のスクレイパーと宮城県加美郡色麻町中島山遺跡第一〇層上面出土の剥片が**遺跡間石器接合資料**が発見された。直線距離で**約三〇km**。**世界最古の遺跡間石器接合の発見**。

・鶴丸俊明らによって、北海道**美唄**《びばい》市から**中期旧石器時代の斜軸尖頭器**が発見された。

一九九八（平10）年

・藤村新一によって、色麻町**沢口**《さわぐち》遺跡から前期旧石器時代の両面加工石器・チョッピングトゥール・スクレイパーなどが発見された。

・瓢箪穴遺跡調査団［東北旧石器文化研究所・東北福祉大学考古学研究会］によって、岩手県下閉伊郡岩泉町瓢箪（ひょうたん）穴遺跡第四次発掘調査が実施された。その結果、A区一八層上面から中期旧石器時代の尖頭器・斜軸尖頭器・スクレイパーなどが発見されている。

・長崎潤一・鎌田俊昭・梶原　洋・藤村新一らによって、北海道空知支庁樺戸郡新十津川町**総進不動坂**《そうしんふどうざか》遺跡に於いて赤色風化火山灰層上部から**中期旧石器時代の斜軸尖頭器**・尖頭器・二次加工のある剥片が発見された。**北海道最古の遺跡の発見！**

・総進不動坂遺跡調査団（主体：札幌国際大学・東北旧石器文化研究所・東北福祉大学）によって、北海道樺戸郡新十津川町総

進不動坂遺跡第一次発掘調査が実施された。

・上高森遺跡調査団によって、築館町上高森遺跡第四次発掘調査が実施された。第一六層上面から**石器埋納遺構**四が発見された。

・中島山遺跡調査団によって、色麻町中島山遺跡第一次発掘調査が実施された。

一九九九（平11）年

・瓢箪穴遺跡調査団（主体：東北旧石器文化研究所・東北福祉大学考古学研究会）によって、瓢箪穴遺跡第五次発掘調査が実施された。

・中島山遺跡調査団（主体：東北旧石器文化研究所・東北福祉大学考古学研究室）によって、中島山遺跡第二次発掘調査が実施された。

・栗島義明・藤村新一によって、埼玉県秩父市**長尾根**《ながおね》遺跡から**前期旧石器時代のスクレイパー**が発見された。

・総進不動坂遺跡調査団（主体：札幌国際大学・東北旧石器文化研究所・東北福祉大学）によって、北海道樺戸郡新十津川町総進不動坂遺跡第二次発掘調査が実施された。

・東北大学総合学術博物館、東北大学文学部考古学研究室によって、福島県二本松市箕輪宮坂《みのわみやさか》遺跡の発掘調査が実施された。

・鎌田俊昭・梶原　洋・藤村新一によって、福島県二本松市杉田光恩寺《すぎたこうおんじ》遺跡から前期旧石器時代の石器群が発見された。

・梶原　洋・藤村新一・早田　勉・アレクセイ　コノネンコによって、福島県安達《あだち》町一斗内松葉山《いっとうちまつばやま》遺跡から前期旧石器時代の石器群が発見された。

・上高森遺跡調査団［東北旧石器文化研究所・東北福祉大学考古学研究室］によって、宮城県築館町上高森五次発掘調査が実施された。**日本列島最古の旧石器群**が発見された。

・**芹沢長介先生傘寿記念国際シンポジュウム**『世界から見た日本列島の前期・中期旧石器研究』

・袖原遺跡調査団［東北福祉大学考古学研究室・東北旧石器文化研究所］によって、山形県尾花沢市袖原3遺跡第五次発掘調査が実施された。

・藤村新一・鎌田俊昭・大類　誠らによって、山形県尾花沢市袖原6遺跡に於て、段丘礫層上位の桃色シルト層上面から玉髄製の尖頭器・石核・剥片など四点が発見された。うち三点（玉髄製）の石器が接合した。

	・栗島義明・藤村新一・鎌田俊昭によって、埼玉県秩父《ちちぶ》市**桧木入《ひのきいり》**遺跡に於て暗赤褐色火山灰層上部から**前期旧石器時代の小型両面加工尖頭器**・スクレイパーなどが発見された。
二〇〇〇（平12）年	・長尾根遺跡調査団によって、埼玉県秩父市**小鹿坂《おがさか》遺跡**第一次発掘調査が実施された。段丘礫層直上の暗褐色火山灰層上部から前期旧石器時代の石器群が発見された。また、同層準から石器群を伴う**柱穴遺構**と**石器埋納遺構**が検出された。**柱穴遺構としては、日本最古で世界にも類例無し。**

（藤村新一・二〇〇〇年三月一日発表資料を一部改変）

資料7① 東北地方における前期・中期旧石器時代の編年表

年代	時期	東北主要遺跡	宮城県南部	宮城県中央部	宮城県北部
三・五万年前 四・五万年前	中期旧石器時代	上野出島(福島県) 座散乱木13層(宮城県)		志引　7層	安沢A12層 馬場壇A7層
七万年前 一三万年前		大平7層(福島県) 竹ノ森24層(福島県) 袖原Ⅲ12層(山形県)	小泉東山20層	山田上ノ台下層 志引　8層 柏木　7層	座散乱木15層 馬場壇A10層 中島山8層 馬場壇A19層
二〇万年前 三〇万年前 四〇万年前 五〇万年前	前期旧石器時代	竹ノ森31層(福島県) 袖原Ⅲ18層(山形県) 袖原Ⅲ23層(山形県)		青葉山B 11b層 中峯C　Ⅶ層	馬場壇A20層 中島山14層 上高森18層直下 上高森14層直下 高森1層直下 上高森倉沢1下 上高森砂質層上

(東北旧石器文化研究所・一九九四年一〇月二三日発表資料を一部改変)

資料7② 高森・上高森遺跡一九八八～一九九九年調査の変遷図（鎌田 一九九九）

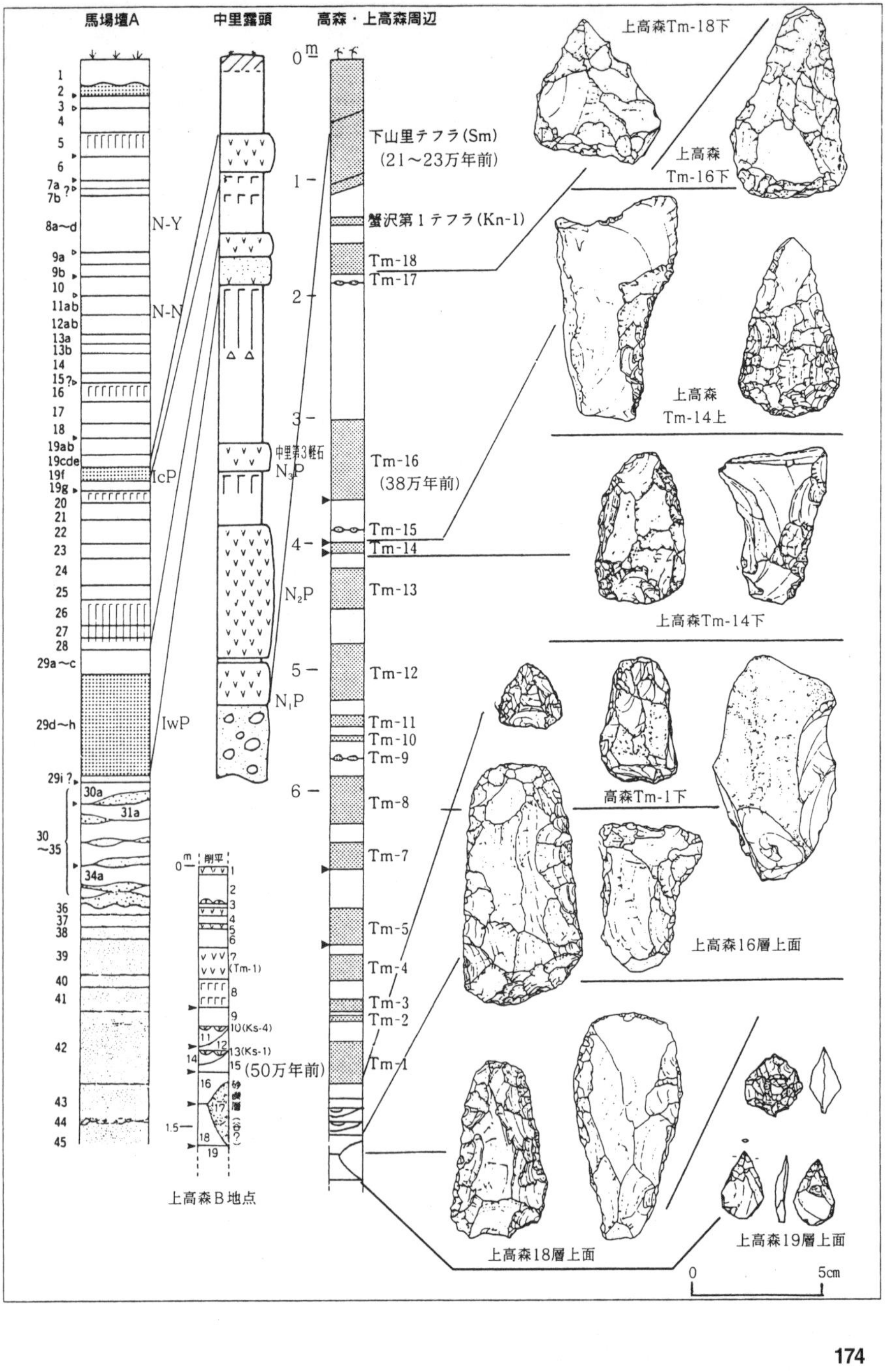

資料7③ 宮城県における旧石器時代前・中期の変遷図（鎌田 一九九九）

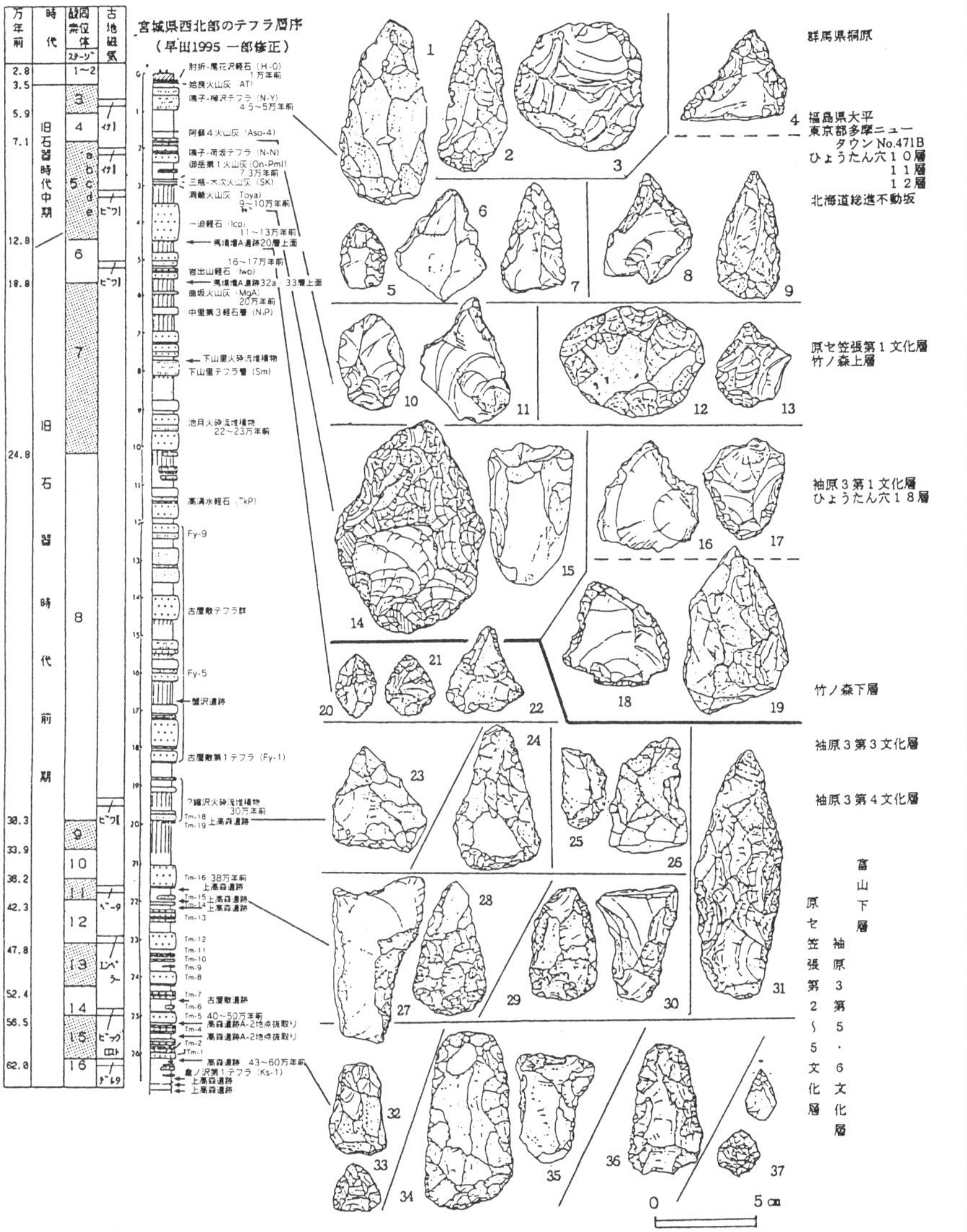

《変遷図中の石器》

１〜３江合川流域12層上面，４志引７層上面，５〜７座散乱木13層上面，８，９北前，10，11馬場壇A10層上面，12，13山田上ノ大，14，15馬場壇A19層上面，16，17小泉東山，18柏木７層上面，19志引９層上面，20〜22馬場壇A20層上面，23上高森Tm-18下，24上高森Tm-16下，25，26中峯CⅦ層，27，28上高森Tm-14上，29，30上高森Tm-14下，31上高森表採，32，33高森Tm-１下，34，35上高森16層上面，36上高森18層上面，37上高森19層上面

資料8　日本の前期旧石器関係の主要文献一覧

（一）旧石器文化の追求期

Munro,N.G.　一九〇七『Prehistoric Japan』（横浜）

浜田耕作　一九一八『河内国府石器時代遺跡発掘報告』京都帝国大学文科考古学研究報告二

直良信夫　一九三一「播磨国西八木海岸洪積層中発見の人類遺品」人類学雑誌四六―五・六、一五五―一六五、二一二―二二八

長谷部言人　一九四八「明石市付近西八木最新世前期堆積出土人類腰骨（石膏型）の原始性に就いて」人類学雑誌六〇―一、三二―三六

渡辺　仁　一九四九「ニッポナントロプス層の自然破砕礫」人類学雑誌六〇―三、一二一―一二二

渡辺直經　一九五〇「明石西郊含化石層に於ける骨の保存可能性」人類学雑誌六一―四、一八三―一九〇

杉原荘介　一九五〇「岩宿の旧石器」科学朝日一〇―七、朝日新聞社

杉原荘介　一九五六『群馬県岩宿発見の石器文化』明治大学文学部研究報告考古学一

Maringer,J　一九五六「Einige faustkeilartin Gerate von Gongenyama(Japan)und die

Frage des Japanischen Palaolithkuns」Anthropos 五一、一七五―一九三
相沢忠洋　一九五七「赤城山麓における関東ローム層中諸石器文化層の位置について」第四紀研究一―一
芹沢長介　一九六〇『石器時代の日本』築地書館

（二）前期旧石器時代研究の幕開け

杉原荘介　一九五四「青森県金木砂礫層出土の偽石器」ＩＮＱＵＡ日本支部連絡紙七、二―三
佐藤達夫・小林達雄・阪口　豊　一九六二「大分県丹生出土の前期旧石器（予報）」考古学雑誌四七―四
金関丈夫・国分直一・佐藤　暁　一九六二「西部日本における前期旧石器遺跡（概報）」日本考古学協会昭和三七年度大会研究発表要旨一
本間嘉晴　一九六二「佐渡長木遺跡発見の前期旧石器」佐渡博物館報一〇、三五―四二
戸沢充則　一九六三「日本における所謂『前期旧石器』の諸問題」歴史教育一一―三
山内清男　一九六四「日本先史時代概説」『日本原始美術一』講談社
日本旧石器文化研究委員会　一九六四『大分県丹生遺跡第一次・第二次発掘調査概報』古

代學協会
杉原荘介編　一九六五『日本の考古学Ⅰ先土器時代』河出書房新社
芹沢長介　一九六五『大分県早水台における前期旧石器の研究』東北大学日本文化研究所研究報告一、一—一一九
古代學協会　一九六五『大分県丹生遺跡第三次発掘調査概報』古代學協会
芹沢長介　一九六六『栃木市星野遺跡第一次発掘調査報告』栃木県教育委員会
加藤晋平　一九六七「日本におけるルバロワ技法の問題—星野第三地点出土遺物の位置—」史苑二七—三、八—一七、立教大学史学会
鈴木重治　一九六七「宮崎県出羽洞穴の発掘調査」考古学ジャーナル四、一二—一六
紅村　弘・芳賀　陽・増子康真・井関弘太郎　一九六八『愛知県加生沢旧石器時代遺跡』言文社
古代學協会日本旧石器文化研究委員会編　一九六八『丹生　大分県丹生遺跡発掘調査概報総括編』古代學協会
芹沢長介　一九六八『珪岩製旧石器と古東京湾』東北大学日本文化研究所研究報告四、一—四五
芹沢長介　一九六八「珪岩製旧石器を出土する足利市大久保遺跡」考古学ジャーナル二二、二—五

芹沢長介　一九六八『栃木市星野遺跡第二次発掘調査報告』栃木県教育委員会
加藤　稔　一九六八「山形県中津川上屋地の遺跡」日本考古学協会昭和四三年度大会研究発表要旨二
芹沢長介　一九六九『栃木市星野遺跡第三次発掘調査報告』栃木県教育委員会
加藤　稔　一九六九「山形県中津川上屋地の前期旧石器時代遺跡とその周辺の地形」東北地理二一―三、一三六―一四二
山内清男　一九六九「大分県丹生遺跡の旧石器　補記」『山内清男・先史考古学論文集』新第二集
多治見市考古学研究会　一九六九「多治見のチャート製旧石器」考古学ジャーナル二八、一三―一六
芹沢長介　一九七〇「兵庫県西八木出土旧石器の再検討」考古学研究六六、二九―三八
小野忠熈　一九七一「西日本の前期旧石器文化」海洋科学三―九、三七―四三
芹沢長介　一九七一『群馬県笠懸村岩宿遺跡緊急発掘調査概報―昭和四五年度発掘調査によるC地点およびD地点の概要』群馬県笠懸村
横山英介　一九七一「北海道の旧石器時代文化について」北海道考古学七、一―一六
横山英介・千葉英一　一九七三『秋田県平鹿郡阿美多地遺跡』（秋田）
麻生　優・加藤晋平・小林達雄　一九七五「前期旧石器の諸問題」『日本の旧石器文化一』

二一〇―二二四、雄山閣出版
岡村道雄　一九七六「北関東前期旧石器時代における二石器群」野州史学三、一―一二
岡村道雄　一九七六「日本前期旧石器時代の始源と終末」考古学研究二三―三、七三―九二
小野忠熈　一九七七「鳥ケ崎遺跡の旧石器文化―島根県玉湯町鳥ケ崎遺跡の予報―」山口大学教育学部研究論叢二六―一、一―一二
多治見市教育委員会編　一九七七『西坂遺跡A地点（第一次）発掘調査報告書』多治見市教育委員会
芹沢長介　一九八〇『向山』東北大学文学部考古学研究室　考古学資料集三

（三）第一期前期旧石器研究批判

田坂美代子　一九六六「日本における「前期旧石器」研究―丹生遺跡と早水台遺跡の報告に関して―」駿台史学一八、一六七―一七〇
小野　昭　一九六九「前期旧石器」時代研究の方向と問題、考古学研究六一、一一―一二
小田静夫　一九六九「一九六八年の歴史学界・回顧と展望　日本・先史」史学雑誌七八―五、一七―二四
新井房夫　一九七一「北関東ロームと石器包含層―とくに前期旧石器文化層の諸問題―」

第四紀研究一〇—四、三一七—三二九

（四）新しい旧石器研究の幕開け

日本第四紀学会編　一九七一「日本旧石器特集号」第四紀研究一〇—四、一七九—三三五
小林達雄・小田静夫・羽鳥謙三・鈴木正男　一九七一「野川先土器時代遺跡の研究」第四紀研究一〇—四、二三一—二六五
小田静夫・C.T.Keally　一九七四「立川ローム層最古の文化」貝塚一三、五—一〇
Oda,Shizuo and Keally, Charles T.　一九七五『Japanese Preceramic Cultural Chronology』国際基督教大学考古学研究センターOccasional Papers二
小田静夫　一九七七「先土器時代の東京」季刊どるめん一五、三二—四九
Oda,Shizuo and Keally, Charles T.　一九七九『Japanese Palaeolithic Cultural Chronology』国際基督教大学考古学研究センター
小田静夫　一九八〇「武蔵野台地の火山堆積物と遺跡」考古学ジャーナル一六七、一一—二〇
赤澤　威・小田静夫・山中一郎　一九八〇『日本の旧石器』立風書房

（五）座散乱木・馬場壇Ａ遺跡発見以降

石器文化談話会編　一九七八『座散乱木遺跡Ⅰ』石器文化談話会誌一
鎌田俊昭・藤村新一　一九八〇「宮城県大崎地方西北部における先土器時代遺跡群」宮城県多賀城跡調査研究所研究紀要Ⅱ、六三—七〇
岡村道雄・鎌田俊昭　一九八〇「宮城県北部の旧石器時代について」東北歴史資料館研究紀要六、一—二八
東北歴史資料館編　一九八一『旧石器時代の東北』東北歴史資料館・東北歴史資料館振興会
仙台市教育委員会編　一九八一『山田上ノ台遺跡発掘調査報告書』仙台市教育委員会
石器文化談話会編　一九八一『座散乱木遺跡Ⅱ』石器文化談話会誌二
仙台市教育委員会編　一九八二『北前遺跡発掘調査報告書』仙台市教育委員会
考古学ジャーナル編集部　一九八二「特集・前期旧石器（二〇〇号発刊記念号）」考古学ジャーナル二〇六
石器文化談話会編　一九八三『座散乱木遺跡Ⅲ』石器文化談話会誌三
服部隆一郎　一九八三「座散乱木遺跡」『日本の遺跡発掘物語　旧石器時代』社会思想社
加藤晋平編　一九八三「日本旧石器人の生活と技術」季刊考古学四、雄山閣
岡村道雄　一九八三「日本の前期旧石器文化」季刊考古学四、二九—三二、雄山閣
多賀城市教育委員会編　一九八四『志引遺跡発掘調査報告書』多賀城市・多賀城市教育委

員会
東北歴史資料館編　一九八五『江合川流域の旧石器』東北歴史資料館
宮城県教育委員会編　一九八五『中峯遺跡発掘調査報告書』宮城県教育委員会
考古学ジャーナル編集部　一九八六「特集・前期旧石器（臨時増刊号）」考古学ジャーナル
二七〇
小林達雄　一九八六「日本列島旧石器時代文化の三時期について」国立歴史民俗博物館研究報告一一、一―四二
佐原　真　一九八七『大系日本の歴史Ⅰ　日本人の誕生』小学館
河合信和　一九八七『最古の日本人を求めて』新人物往来社
東京都埋蔵文化財センター調査研究部（舘野　孝）　一九八七「多摩ニュータウンNo.471―B遺跡の調査概要」月刊文化財二九一、一七―二三
鎌田俊昭　一九八七「宮城県における旧石器時代前・中期の諸問題」旧石器考古学三四、二五―四六
東北歴史資料館編　一九八六『馬場壇A遺跡Ⅰ―前期旧石器時代の研究―』東北歴史資料館・石器文化談話会
東北歴史資料館編　一九八八『馬場壇A遺跡Ⅱ―前期旧石器時代の研究―』東北歴史資料館・石器文化談話会

東北歴史資料館編　一九八九『馬場壇Ａ遺跡Ⅲ—前期旧石器時代の研究—』東北歴史資料館・石器文化談話会
真鍋健一　一九八六「馬場壇Ａ遺跡第二〇層上面の残留磁気測定」『馬場壇Ａ遺跡Ⅰ』
中野益男　一九八九「考古学資料に残存する脂質—馬場壇Ａ遺跡の石器に残存する脂肪の分析（講演要旨）」第四紀研究二八—四

(六)　第二期前期旧石器研究批判

河合信和編　一九八五「立体構成・最古の日本人をもとめて」科学朝日七月号、一四—五〇、朝日新聞社
小田静夫　一九八五「石器や年代などに疑問残る『遺跡』、最古の日本人を求めて」、科学朝日七月号、二七—二九頁
Oda,Shizuo and Keally, Charles T. 一九八六「A Critical Look at the Palaeolithic and "Lower Palaeolithic" Research in Miyagi Prefecture, Japan」人類学雑誌九四—三、三二五—三六一
金山喜昭　一九八六「日本地質学会学術大会〝一〇〇万年前より新しい試料の地質年代測定〟に参加して—宮城県「前期旧石器」の年代について思うこと—」旧石器考古学三三、六九—七二

竹岡俊樹　一九九七「前期旧石器」とはどのような石器群か」旧石器考古学五六
竹花和晴　二〇〇〇「アラゴ洞窟と日本の前期旧石器文化」旧石器考古学五九、二一―三三
阿部祥人　二〇〇〇「富山遺跡の「前期旧石器時代」説批判」山形考古六―四、三〇七―三一六
難波紘二・岡安光彦・角張淳一　二〇〇一「考古学的脂肪酸分析の問題点」日本考古学協会第六七回総会研究発表要旨

（七）高森遺跡以降の前期旧石器時代の定着と普及

河合信和　一九八七『最古の日本人を求めて』新人物往来社
相沢忠洋・関矢　晃　一九八八『赤城山麓の旧石器』講談社
安斎正人　一九八八「斜軸尖頭器石器群からナイフ形石器への移行―前・中期旧石器／後期旧石器時代の過渡期の研究」先史考古学一、一―四八
鈴木忠司　一九九〇「先土器・旧石器そして岩宿時代呼称問題によせて」古代学研究所研究紀要一、一―一七
岡村道雄　一九九〇『日本旧石器時代史』雄山閣（一九九九増補版）

藤村新一・藤原妃敏・柳田俊雄　一九九〇「福島県西白河郡東村に所在する上野出島遺跡発見の前期旧石器時代の石器群の報告」福島考古 三一、二一―二九
佐藤宏之　一九九二『日本旧石器文化の構造と進化』柏書房
石器文化談話会編　一九九一『高森遺跡』石器文化談話会
山田晃弘編　一九九二『高森遺跡Ⅱ』東北歴史資料館
須田良平編　一九九五『高森遺跡Ⅲ』東北歴史資料館
岡村道雄　一九九五「上高森」文化庁編『発掘された日本列島'95新発見考古速報』九―一二、朝日新聞社
鎌田俊昭　一九九五「日本旧石器時代前・中期研究の現状と課題」『展望考古学』一―九、考古学研究会
鎌田俊昭　一九九七「ひょうたん穴遺跡」文化庁編『発掘された日本列島'97新発見考古速報』九―一〇、朝日新聞社
柳田俊雄　一九九七『阿武隈川流域の前・中期旧石器時代二遺跡の調査―大平・竹ノ森遺跡の研究―』郡山女子大学短期大学部文化学科考古学研究部報告一
安蒜政雄　一九九七「旧石器時代の文化」『考古学キーワード』一六六―一七九、有斐閣
岡村道雄　一九九七『ここまでわかった日本の先史時代』角川書店
藤村新一・藤井誠二・相沢正信　一九九七「宮城県色麻町中島山遺跡発見の石器群につい

て」第一一回東北日本の旧石器文化を語る会―予稿集―、八六―九四
藤村新一・諸星良一・門脇秀典・伊東裕輔・柳田俊雄　一九九七「福島県二本松市原セ笠張遺跡の第三次発掘調査」第一一回東北日本の旧石器文化を語る会―予稿集―、六六―七四
岡村道雄　一九九八「石器の盛衰」『歴史発掘一』講談社
藤村新一　一九九八「上高森遺跡」歴史と旅一二月号、四八―五一
岡村道雄・松藤和人・木村英明・辻誠一郎・馬場悠男　一九九八『旧石器時代の考古学』シンポジウム「日本の考古学一」学生社
佐川正敏　一九九八「日本旧石器早・中期文化研究新進展及其与隣近地区旧石器対比」人類学学報一七―一、一一―二二、中国科学院古脊椎動物与古人類研究所
山形県埋蔵文化財センター編　一九九八『富山遺跡発掘調査報告書』山形県埋蔵文化財センター
柳田俊雄　一九九九「福島県の前・中期旧石器時代の様相―阿武隈川流域の発掘調査された遺跡を中心に―」『福島県の旧石器時代遺跡』福島県立博物館調査報告書三四、四六―六〇
旧石器文化談話会　一九九九『特集・岩宿遺跡発掘五〇周年』旧石器考古学五八
梶原洋編　一九九九『芹沢長介先生傘寿記念国際シンポジウム―早水台から上高森まで―

世界から見た日本列島の前期・中期旧石器研究　予稿集』東北福祉大学梶原研究室
長崎潤一　一九九九「約五万年前の着柄痕のある斜軸尖頭器　総進不動坂遺跡」文化庁編『発掘された日本列島'99新発見考古速報』九、朝日新聞社
阿子島香　一九九九「仙石の前期・中期旧石器文化」『仙台市史　通史編1原始』四二―六〇、仙台市史編さん委員会
梶原　洋　一九九九「旧石器人の行動範囲を具体的に示す遺跡間石器接合資料　中島山遺跡・袖原3遺跡」文化庁編『発掘された日本列島'99新発見考古速報』一二、朝日新聞社
ひょうたん穴遺跡調査団編　一九九九『ひょうたん穴遺跡発掘調査報告書I』東北旧石器研究所・東北福祉大学考古学研究会
梶原　洋・藤村新一・鎌田俊昭・横山裕平　二〇〇〇「世界最古の石器埋納遺構、日本最古の石器群」科学七〇―三
佐川正敏編　一九九九『北方ユーラシアの中期旧石器を考える』東北学院大学佐川研究室
芹沢長介　一九九九「前期旧石器研究の展望」『岩宿時代を遡る―前・中期旧石器の探究―』、五―一六、笠懸野岩宿文化資料館
東北日本の旧石器文化を語る会編　二〇〇〇『第一四回東北日本の旧石器文化を語る会

前・中期旧石器の検討—資料集—』
藤村新一　二〇〇〇「私には五〇万年前の地形が見える」現代一一月号、一一二—一一九
橘　昌信　二〇〇〇「九州における中期旧石器時代と後期旧石器時代成立期前後の石器群」
別府大学博物館研究報告二〇
尾本恵市・小林達雄　二〇〇〇「日本列島に人類が立った日—秩父原人の驚くべき精神文
化—」公研三八—五、公益産業研究調査会
岡村道雄　二〇〇〇『日本列島の石器時代』AOKIL IBRARY日本の歴史、青木書店
岡村道雄　二〇〇〇『縄文の生活誌』講談社
埼玉県埋蔵文化財調査事業団編　二〇〇〇『前期旧石器フォーラム—秩父原人　その時代
と生活』資料集、秩父市
栗島義明　二〇〇〇「「秩父原人登場」?・五〇万年前の石器と生活跡が出土した」「関東で
初めての前期旧石器。三五万年前の石器が語るもの」文化庁編『発掘
された日本列島2000新発見考古速報』九—一一、朝日新聞社
栗島義明　二〇〇〇「長尾根遺跡の多摩ロームに関東初の前期旧石器」考古学クロニエル
二〇〇〇、七六—八二、朝日新聞社

（八）旧石器遺跡ねつ造事件発覚以前の前期旧石器時代報告書

館野孝編　二〇〇〇『多摩ニュータウン遺跡―No.471―B遺跡』東京都埋蔵文化財センター調査報告一〇〇

柳田俊雄・阿子島香・勝又喜隆　二〇〇一「青葉山遺跡E地点第五次調査」『東北大学埋蔵文化財調査年報一四』一三一―八一

（九）前期旧石器遺跡捏造事件発覚以降の前期旧石器時代問題検証・批判

東北日本の旧石器文化を語る会編　二〇〇〇『第一四回東北日本の旧石器文化を語る会　前・中期旧石器の検討―資料集―』

ミュゼ編集部編「『旧石器発掘ねつ造』問題を問う！」月刊ミュゼ四四、一二一―一三

春成秀爾編　二〇〇一『前期旧石器問題を考える』国立歴史民俗博物館春成研究室

小田静夫　二〇〇一「日本旧石器研究の封印された論争」世界一月号、二七―三〇、岩波書店

芹沢長介　二〇〇一「波乱の考古学界を憂える」中央公論一月号、一五二―一五七、中央公論社

雄山閣出版季刊考古学編集部編　二〇〇一「特集・前期旧石器文化の諸問題」季刊考古学七四、雄山閣出版

岩波書店科学編集部編　二〇〇一「前・中期旧石器を検証する」科学七一―一、岩波書店
朝日新聞社編　二〇〇一『立花　隆、「旧石器発掘ねつ造」事件を追う』朝日新聞社
日本情報考古学会編　二〇〇一「日本の前期旧石器問題　竹岡、小田特別講演」要旨、日本情報考古学会第一一回大会
季刊邪馬台国編集部編　二〇〇一「緊急特集　旧石器捏造事件」季刊邪馬台国七二、二四―一四三、梓書院
岡村道雄・山田晃弘・赤坂憲雄　二〇〇一「事件が問いかけるもの―前・中期旧石器考古学の現在―」東北学四、二一―二七、東北芸術工科大学東北文化研究センター
春成秀爾編　二〇〇一『検証　日本の前期旧石器』学生社
宮城県考古学会編　二〇〇一「特集　旧石器発掘「ねつ造」問題について」宮城考古学三
竹岡俊樹　二〇〇一「前期旧石器」問題の今後」古代文化五三―六、三五九―三六四
毎日新聞旧石器遺跡取材班　二〇〇一『発掘捏造』毎日新聞社
竹岡俊樹　二〇〇一「特集　前期旧石器遺跡捏造事件の真相を語る」SCIENCE OF HUMANITY BENNSEI 三四、勉誠出版
小林達雄　二〇〇一「前期旧石器問題の社会化　教科書への掲載をめぐって」月刊ミュゼ四八、二九、ミュゼ

春成秀爾　二〇〇一「「前・中期旧石器」問題の近況」考古学研究四八―二、一一―一七
段木一行・金山喜昭　二〇〇一「前期旧石器問題の社会的背景をさぐる―文学部博物館学講座・シンポジウムと企画展から」法政九月号、六―一〇、法政大学
河合信和　二〇〇一「偽造された日本人類史（上―旧石器遺跡ねつ造はなぜ放置されたか―）」朝日総研リポート一五二、八八―一一三、朝日新聞総合研究センター
法政大学文学部博物館学講座　二〇〇一「企画展「旧石器展～道具の起源をさぐる～」シンポジウム「前期旧石器問題とその背景を考える」」月刊ミュゼ四九、一六―一七
春成秀爾　二〇〇一「聖嶽洞窟問題」旧石器考古学六二、七七―八九
戸沢充則　二〇〇一「「旧石器問題」の検証はどこまで進んだか」科学七一―一一、一四六五―一四六八
西秋良宏　二〇〇一「先史考古学における真と偽―石器のコピーをめぐって」『真贋のはざま―デュシャンから遺伝子まで』三一―七六、東京大学総合研究博物館
河合信和　二〇〇一「偽造された日本人類史（下）―旧石器遺跡ねつ造事件が残した教訓―」朝日総研リポート一五三、一三五―一六一、朝日新聞総合研究セ

ンター
春成秀爾　二〇〇一「「前・中期旧石器」問題の近況（二）」考古学研究四八―三、一二―一九
考古科学シンポジウム実行委員会編　二〇〇一「旧石器を科学する、第三回考古科学シンポジウムレジュメ」東京大学原子力研究総合センター・東京大学総合研究博物館・東京大学埋蔵文化財調査室
河合信和　二〇〇一「多摩遺跡トンデモ報告」ＡＥＲＡ七三四、朝日新聞社
小林達雄　二〇〇一「考古学はどこに向かうのか―石器発掘捏造事件と縄文の文化誌」東北学五、二六―四二、東北芸術工科大学東北文化研究センター
尾本恵市・小林達雄　二〇〇一「学者はなぜ騙されたのか？―旧石器ねつ造事件の深層―」公研三九―一二、二二―三三、公益産業研究調査会
足立倫行　二〇〇二「旧石器発掘捏造事件　一年後明らかになったこと―考古学はどこに向かうのか」世界二月号、二四二―二五二、岩波書店
森　浩一　二〇〇二「魂を失う考古学界「旧石器捏造事件」から吉野ヶ里遺跡まで」論座二月号、一二〇―一二九、朝日新聞社
Charles T. keally　二〇〇三「Dirt and Japan's Early Palaeolithic Hoax」Sophia International Review 二四

（作成・小田静夫）

資料9　前期旧石器捏造発覚後のシンポジウム

■第14回　東北日本の旧石器文化を語る会

二〇〇〇年十二月二三日・二四日
主催：東北日本の旧石器文化を語る会
後援：福島県考古学会
会場：福島県立博物館

「前・中期旧石器の検討　―遺跡を検証する―」
北海道　長崎潤一
北上川中流域の旧石器時代遺跡群　菊池強一
宮城県における前・中期旧石器時代の変遷　鎌田俊昭・山田晃弘
山形県　横山裕平（梶原洋代理）
福島県の前・中期旧石器時代　柳田俊雄
群馬県内の前・中期旧石器時代の再検討　関矢　晃
「前・中期旧石器の検討　―石器を検証する―」　春成秀爾・松藤和人・大沼克彦・
（討論）　佐藤宏之・佐川正敏・各道県発表者

■シンポジウム　前期旧石器問題を考える

（司会）柳田俊雄

二〇〇一年一月二一日

主催：文部科学省科学研究費補助金特定領域研究「日本人および日本文化の起源に関する学際的研究」考古学班

後援：毎日新聞社

会場：日本教育会館

学問の客観性　佐原　真

日本の旧石器と「前期旧石器」問題　小田静夫

「前期旧石器」の検証　春成秀爾

「前・中期旧石器」問題の展望　岡村道雄

「前期旧石器」と日本の更新世人骨問題　馬場悠男

（討論）小田・春成・岡村・馬場

（司会）佐原

■シンポジウム　石器捏造問題を語る

二〇〇一年三月一七日

主催：日本情報考古学会

会場：帝塚山大学短期大学部

「前期旧石器」問題の経過と現在　竹岡俊樹

—研究者たちはなぜ騙されたか—

日本の前期旧石器問題　小田静夫

（討論）　竹岡・小田

（司会）植木　武

■公開討論会　「旧石器発掘捏造問題」をいかに解決するか

—日本の前・中期旧石器研究の現状と問題点—

二〇〇一年五月二〇日

主催：日本考古学協会

会場：駒沢大学

開会挨拶　—公開討論会開催の趣旨—　戸沢充則

日本考古学協会の対応と基本姿勢　矢島國雄

報告　旧世界の前期・中期旧石器文化をめぐって　藤本　強
報告　旧石器発掘捏造の検証と問題点
——東北日本の旧石器文化を語る会主催の検討会から——　渋谷孝雄
報告　前期旧石器問題の意味するもの　小林達雄
パネルディスカッション
「旧石器発掘捏造問題」をいかに解決するか
——日本の前・中期旧石器研究の現状と問題点——　甘粕　健・安斎正人・稲田孝司・岩崎卓也・小野　昭・町田　洋
（司会）戸沢

■シンポジウム　前期旧石器問題とその背景を考える

二〇〇一年七月八日
主催：法政大学文学部博物館学講座
会場：法政大学

日本の旧石器と前期旧石器問題　小田静夫
ヨーロッパの旧石器と研究教育体制
——ドイツの例で考える——　小野　昭

前期旧石器問題をめぐる社会的状況　小林達雄
文化財保護行政と博物館の諸問題　段木一行
権威主義的「学習」観からの解放と生涯学習の役割　笹川孝一
――「考古学リテラシー」を考える――
（全体討論）　小田・小野・小林・段木・笹川
（司会）金山喜昭

■第3回考古科学シンポジウム　旧石器を科学する

二〇〇一年十二月一五日
主催：東京大学原子力研究総合センター・東京大学総合研究博物館・東京大学埋蔵文化財調査室
会場：東京大学弥生講堂

捏造問題の現況と旧石器時代研究　小野　昭
日本列島の旧石器時代人　馬場悠男
新しい日本旧石器時代研究の構築に向けて　小田静夫

■旧石器時代研究の新しい展開をめざして　―旧石器研究と第四紀学―

二〇〇二年二月二三日

主催：日本第四紀学会・日本学術会議第四紀研連委員会

会場：東京都立大学

遺跡形成論からみた堆積物としての遺物　御堂島正

型式と層位の相克　―石器と土器の場合―　五十嵐彰

人骨の形態学的判断の信頼性と限界　馬場悠男

遺物包含層の年代と環境　町田　洋

（討論）　御堂島・五十嵐・馬場・町田

（司会）小野　昭

あとがき

法政大学文学部博物館学講座では、二〇〇一年七月に企画展「旧石器展～道具の起源をさぐる」（三日～一四日）とシンポジウム「前期旧石器問題とその背景を考える」（八日）を開催した。企画展の来場者は五七五人、シンポジウムは約三〇〇人に達した。

企画展とシンポジウムを企画した理由は、前期旧石器捏造事件について学生たちの関心が非常に高かったことがあげられる。二〇〇〇年十一月五日の新聞報道により、これまでの前期旧石器の一部が捏造であったことが判明すると、学生から「どういうことなんですか？」という質問が寄せられた。二〇年以上前から前期旧石器のことを外野から見ていた私としては、一応の説明をしたが、学生たちの関心は次に「なぜ？」という方向に向かった。そこで、段木先生にご相談をして、前期旧石器捏造事件を考古学界だけの問題とするのではなく、博物館学、ひいては生涯学習や教育の問題として、博物館学の授業で検討することになった。

授業は私が担当して、段木先生に全体的な総括をしていただいた。授業の内容は、旧石器の説明から始まり、捏造報道関係の新聞記事を収集して、新聞社ごとの報道の流れや、捏造問題に対する社会的改善策などをグループ討議したり発表した。ポスターやチラシのデザイン、企画展やシンポジウムの実務も学生たちが手がけた。学生たちには良い経験になったと思う。

本書は、シンポジウムの発表や討論を掲載するとともに、学内外の方々から、この問題に関するご意見をお寄せいただいた。今回のシンポジウムの特徴は、考古学関係者に限定した「仲間内」のものではなく、異分野の専門家にも参加していただいたことである。小田・小野・小林先生は考古学を専門とするが、段木先生は文化財行政や博物館学を専門とし、笹川先生は社会教育学を専門とする研究者である。考古学者だけでは、考古学の前提のもとに、考古学の議論に終始しがちであり、それは捏造発覚以後のいくつかのシンポジウムで行われてきた。もちろん、それは有意義なことであるが、一方では社会的問題として議論を広げて、より多くの人たちと問題を共有化して考えていくためには、他分野の専門家に参加いただくことが何よりも必要である。こうした意味から、シンポジウムは学際的な議論ができたと思う。

また、それと同じ趣旨から、学内外の先生方からもご意見をいただいた。法政大学の佐貫浩、児美川孝一郎、馬場憲一、根崎光男の各先生、東京大学大学院の木下直之先生、相模原市史編纂室の浜田弘明先生、毎日新聞の山成孝治、朝日新聞の宮代栄一、読売新聞の片岡正人、NHK解説委員室の毛利和雄の各先生にも貴重なご意見をいただき、それぞれ傾聴すべきものである。詳細については、本書に示した通りである。

今回の問題は、海外にも大きな波紋をよんだ。日本の考古学界ばかりでなく、日本の学問自体の信頼さえ失墜しかねない事態になっている。この問題の解明に関する海外諸国への説明は、日本の考古学会や関係者によって今後なされるだろうが、本書でもその責任の一端を果たすために、上智大学のC・T・キーリ先生による英文の要旨と論考をお願いした。また、資料編は前期旧石器問題を読者の皆さんが「考える」うえで必要な資料を掲載した。

ところで、私は学生時代から旧石器研究をしてきた。研究は、武蔵野台地や相模野台地をフィールドにして黒曜石の流通や礫群をテーマにしてきた。前期旧石器遺跡からは、黒曜石や礫群が出土しなかったことから、私は前期旧石器を研究対象にすることはなかった。当時から、なぜ黒曜石や礫群が未発見なのかは不思議であったが、捏造によってすぐに理解できた。黒曜石を埋めれば、黒曜石そのものから年代測定ができるので、捏造が発覚してしまうからであった。礫群も、一般に多数の拳大ほどの大きさの自然礫を埋めるには大変手間どるし、発覚する危険性が高いからであったのだろう。

二〇年ほど前に、宮城県内で行われた研究会に参加したことがある。それまで日本の旧石器時代は三万年前が上限だとされてきたものが、座散乱木遺跡の調査によってさらに年代が遡る口火が切られた。石器文化談話会が主導する研究会の講演で、東北大学の芹沢長介先生は、座散乱木遺跡で出土した石器の一部をクリーバーやピックと調査者が定義しているが、ヨーロッパのものとは型式的に違うと安易な型式名の使い方に釘をさされていたことを記憶している。その後は、実際に発掘中の座散乱木遺跡も見学した。

それから二〇年ほど経った昨年七月、シンポジウムが終わった直後に、検証発掘をしていた山形県尾花沢市の袖原3遺跡を見学した。炎天下のもと、検証作業は行われていた。帰途、座散乱木遺跡にも寄った。夏草におおわれた人影のない場所に、国史跡を示す看板だけが空しくたっていた。案内板には、柱状図と出土遺物の写真がのっていたが、説得力を失っていた。当時の発掘現場の熱気は夢の跡のようであった。

前期旧石器問題は、遺跡や石器の検証が終了したことで解決するものではない。今後も様々な解決の方法があるだろうが、本書はそのためのひとつの参考になれば幸いである。なかでも、考古学の信頼回復のために、関係者はそれぞれが自己清算することである。いつまでも口を閉ざし続けるならば、考古学は永遠に信頼回復の目途が立たない。関係者たちの一刻も早い立ち直りを期待したい。

最後に、本書に参加していただいた諸先生方をはじめ、株式会社ミュゼの山下治子さん・大畑舞さん、ならびに法政大学の博物館学講座の受講生に感謝申し上げます。

二〇〇二年二月

金山喜昭

シンポジウム・パネリスト略歴

小田静夫（おだ・しずお）
東京都教育庁文化課主任・学芸員
一九四二年生まれ。國學院大學文学部卒業。明治大学大学院修士課程修了。武蔵野台地の旧石器時代遺跡を調査研究する。二〇年ほど前に考古学界で「前期旧石器」論争が行われた際の認定慎重論者の第一人者。著書は『日本の旧石器』（立風書房一九八〇）、『図解日本の人類遺跡』（東京大学出版会一九九二）、『黒潮圏の考古学』（第一書房二〇〇〇）等多数。

小野　昭（おの・あきら）
東京都立大学人文学部教授
一九四六年生まれ。明治大学文学部卒業。岡山大学法文学専攻科修了。奈良国立文化研究所、岡山大学、新潟大学教授を経て現職。ドイツ、フンボルト財団の奨学研究員としてフランクフルト大学、テュービンゲン大学の考古学研究所に学ぶ。著書は『打製骨器論』（東京大学出版会二〇〇一）、共編著『図解日本の人類遺跡』（東京大学出版会一九九二）等多数。

小林達雄（こばやし・たつお）
國學院大學文学部教授
一九三七年生まれ。國學院大學文学部卒業。國學院大學大学院博士課程修了。文化庁記念物

課調査官を経て現職。ウィスコンシン大学・ケンブリッジ大学等で在外研究。現在、新潟県立歴史博物館館長を兼任する。埼玉県の前期旧石器時代遺跡緊急調査事業検討委員会委員長を務める。著書は『最新縄文学の世界』（朝日新聞社一九九九）、『縄文人の文化力』（新書館一九九九）、『縄文人追跡』（日本経済新聞社二〇〇〇）、『世界史の中の縄文』（共著回新書館二〇〇一）等多数。

段木一行（だんぎ・かずゆき）
法政大学文学部教授
一九三一年生まれ。國學院大學文学部卒業。法政大学大学院修士課程修了。東京都教育庁学芸研究職を経て現職。専門は博物館学・日本中世史研究。各地の文化財保護委員や博物館協議会委員を務める。著書は『中世村落の構造』（吉川弘文館）、『学芸員の理論と実践』（雄山閣出版一九九八）、『博物館資料論と調査』（雄山閣出版一九九七）等多数。

笹川孝一（ささがわ・こういち）
法政大学文学部教授
一九五一年生まれ。東京都立大学大学院博士課程修了。同大学人文学部助手から、法政大学文学部講師・助教授を経て現職。東アジア成人教育フォーラム副会長。専門は生涯学習学。著書は『日本社会教育発達史』（亜紀書房一九八〇）、『現代的人権と社会教育』（東洋館出版社一九九〇）、『成人教育新世紀』（香港一九九七）等多数。

金山喜昭（かなやま・よしあき）
法政大学文学部兼任講師
一九五四年生まれ。國學院大學文学部卒業。法政大学大学院人文科学科博士課程修了。國學院大学博物館学研究室助手を経て、現在野田市郷土博物館長補佐。東京都立大学・法政大学等の兼任講師（博物館学）、全日本博物館学会委員。これまでに国立歴史民俗博物館資料評価委員、国立教育会館社会教育研修所講師など歴任。著書は『地域博物館のソーシャル・マーケティング戦略』（ミュゼ一九九九）、『日本の博物館史』（慶友社二〇〇一）等多数。

from what they are now. Such extreme changes will probably leave Japan looking much as it does today, but it will be a very different country operationally.

C. T. Keally

3. How did it happen?

Japanese archaeology is still searching for the details of an answer to this question, but it appears to be a consensus that it was systemic failure within archaeology that allowed this hoax to go on for 30 sites excavated over a period of 20 years. There also appears to be a consensus that this failure in archaeology stems from widespread structural problems in Japanese society as a whole -- flaws also seen in the political system, economic system, education system, health and medical system, and most other aspects of the culture and society. But we are still far from a detailed answer to the question of how this hoax could go on for 20 years through the excavation of 30 sites.

4. What needs to be done from here?

The discussions are progressing quite well with answers for this question, although a lot more ideas are needed, particularly on how to implement the suggestions for reforming Japanese archaeology.

The suggestions being proposed to reform Palaeolithic and Japanese archaeological research have much in common with the suggestions for reforming the Japanese political system, economic system, education system, health care system, and other aspects of Japanese culture and society seen as needing major reform. The suggestions for reforming these varied problem areas of Japan all appear to imply essentially the same thing -- improvement will require the Japanese to reinvent themselves almost from zero and to become something very different

Most people seem to believe that all 186 Fujumura sites are fake. Validation work in 2001 accumulated considerable scientific evidence of planted artifacts at five sites and of the high probability that artifacts at a number of other sites were planted. But the validity of most sites is still not determined, although the mounting circumstantial evidence is heavily against the validity of any Fujimura site. Still, the full history of the hoax is far from clear.

2. Why did it happen?

Fujimura's motivation for fabricating Early Palaeolithic sites is not known. The suggested reasons are only speculation.

Why so many archaeologists so readily accepted these finds, without any validation process, also is unknown. Some people suggest nationalism had something to do with the quick acceptance, but, in my mind, this is speculation with little hard evidence to support it.

Many archaeologists probably accepted these Early Palaeolithic finds simply because the archaeologists closest to the research accepted them. This almost certainly is the reason most non-archaeologists accepted these finds.

It is becoming quite common in Japan for localities, with significant and well known sites of any age, to exploit these sites for tourism and commercial purposes. It is a fact that the people living near these Early Palaeolithic sites in some localities were exploiting these finds this way.

We still have a long way to go to answer this question fully.

the sites claimed as Early Palaeolithic in Japan.

On November 5, 2000, the Mainichi Shimbun newspaper reported that Fujimura had admitted planting artifacts on two of these sites in the summer excavations that year. These sites were the Soshin Fudozaka and Kami-Takamori sites. Almost immediately, all sites associated with Fujimura became suspect -- 186 sites and 20 years of research unravelled. This is the Japanese Early Palaeolithic hoax.

This hoax caused a massive discussion in Japanese archaeology. This symposium at Hosei University on July 8, 2001, is just one part of that discussion.

Four questions are being asked in these varied discussions.

1. What happened?
2. Why did it happen?
3. How did it happen?
4. What needs to be done from here?

None of these questions is yet fully answered.

1. What happened?

One person, FUJIMURA Shin'ichi, has admitted planting artifacts to fabricate Early Palaeolithic sites. As of September 2001, he had admitted planting artifacts on 42 of the 186 sites he is associated with. He still denies planting artifacts on several of the suspect sites.

Some people believe Fujimura was not alone, that others either directly helped him or knew he was planting artifacts but said nothing. This is simply speculation.

Comments and Background for the Non-Japanese Audience

Charles T. Keally

Professor

Sophia University

The controversy about the existence of an Early Palaeolithic (older than 35 ka) in Japan has a long history that can be divided into three phases.

The first phase covers the early 20th century, when numerous finds of crude artifacts were proposed as Early Palaeolithic. These were never widely accepted -- they were rejected as either not human artifacts or not old.

The second phase centered on the finds of SERIZAWA Chosuke in the 1960s and 1970s, especially his finds at the Hoshino, Iwajuku Location D and Sozudai sites. Serizawa's finds were never widely accepted as human artifacts.

The third phase began in 1980 when FUJIMURA Shin'ichi "unearthed" artifacts from pre-35 ka deposits at the Yamada Uenodai site in Sendai, in northeastern Japan. The consensus soon became that the existence of an Early Palaeolithic in Japan was finally confirmed in 1981 with the excavation of the Zazaragi site, about an hour's drive north of Sendai. Fujimura discovered and helped excavate this site.

Over the years from 1980 to 2000, Fujimura "discovered" 186 sites, mostly Early Palaeolithic in age, and he helped excavate 33 of them, of which 30 were Early Palaeolithic. These sites accounted for over 95% of

4. DANGI Kazuyuki (Professor, Hosei University)

a. The present Japanese education system retains hold-overs from the pre-War education system. Education should be led by the people not by the bureaucracy.

b. In the cultural properties preservation system, the Cultural Affairs Agency designates cultural properties in compliance with the "Law for the Preservation of Cultural Properties." In a modern advanced nation, this is a pre-modern concept for handling cultural properties.

c. The Cultural Affairs Agency's annual "Advanced Reports on the Newest Finds" featured these Early Palaeolithic finds and gave them validity, but without any academic validation process.

5. SASAGAWA Kouichi (Professor, Hosei University)

a. A rivalry with the antiquity of Peking Man can be seen in the Early Palaeolithic discoveries, a national feeling of superiority in the antiquity of things. This is nationalism.

b. The ease with which the Early Palaeolithic finds were used to popularize local tourism is also a problem.

c. The closed nature of today's society further contributed to this problem, by connecting the finds with the romance in the search for the past and then uncritically accepting whatever was found.

d. In the future, there should be public discussion and consensus-building on the meanings of archaeological sites and finds, discussions that can be comprehended by the public. When there are disagreements, both or all views should be presented together as a matter of common practice.

2. ONO Akira (Professor, Tokyo Metropolitan University)

a. Comparison of the German and Japanese archaeological education systems.

b. The scarcity of systematic study of the various sciences related to archaeology -- sedimentology, taxonomy, osteology, geology -- is one of Japanese archaeology's major weaknesses.

c. This inadequacy in Japanese archaeological education and research is part of the background of the Early Palaeolithic problem.

d. A system needs to be established to provide Palaeolithic research with better contact with and education in the related sciences.

3. KOBAYASHI Tatsuo (Professor, Kokugaku-in University)

a. Introduction to the background of earlier discoveries and controversies in Japanese Palaeolithic research.

b. Acceptance of responsibility as an archaeologist for not grasping that there were serious problems with the Early Palaeolithic finds, problems that now can be seen as indicative of fabrication.

c. At the national level, there were the errors of approving unvalidated finds for inclusion in textbooks and exhibits at national museums, and for inclusion in the annual Cultural Affairs Agency-sponsored "Advanced Reports on the Newest Finds".

d. Responsibility for this Early Palaeolithic problem includes this sociological background, not just the behavior of one individual.

The Main Points of the Symposium Reports

Symposium:

The Early Palaeolithic Problem and Its Background

Hosei University, Tokyo

July 8, 2001

Sponsored by the Department of Museology, Hosei University

Abstracts of Reports

1. ODA Shizuo (Archaeologist, Tokyo Metropolitan Government)

a. Explanation of the most recent outline of the Japanese Palaeolithic.

b. Comparison of various past ideas on the Palaeolithic chronological divisions.

c. Explanation of the weaknesses in the excavation methodology and interpretation of the Zazaragi Site, the site credited with marking the confirmation of an Early Palaeolithic in Japan.

d. The research on the Early Palaeolithic has never answered the doubts about Early Palaeolithic cultural layers in pyroclastic flows.

e. This research also never answered doubts about the lack of vertical displacement of artifacts, the lack of evidence of tool manufacturing, the lack of clusters of pebbles, and the lack of clusters of charcoal, all characteristics of Late Palaeolithic sites in Japan.

f. Future research should start again from the foundation of the Late Palaeolithic and search for unquestionable evidence of Early Palaeolithic sites.

Table of Contents

前期旧石器問題とその背景

平成14（2002）年3月25日　初版第1刷発行

監　修／段木一行
編　者／法政大学文学部博物館学講座
発行者／関根裕子
発　行／株式会社ミュゼ
〒108-0074　東京都港区高輪2-1-11-230
TEL：03-5488-7781　FAX：03-5488-7783
E-mail：musee@cia.co.jp
URL：http://www.musee-um.co.jp
編集協力／パスクワーク
カバーデザイン／エフビーアイ株式会社
印刷・製本／シーアイエー株式会社

定価はカバーに表示してあります。
乱丁・落丁本はお取り替えいたします。

ISBN　4-944163-24-X

地域博物館の

ソーシャル・マーケティング戦略

〜童謡作曲家・山中直治を復活させた野田市郷土博物館〜

金山　喜昭　著

野田市郷土博物館が、地元出身の童謡作曲家・山中直治の存在を展覧会やその後の一連の活動を通して住民の間に復活させた。その５年間の取り組みをソーシャル・マーケティングの視点からまとめ、論じる。これからの地域博物館のあり方に明快な答えを示す。〈UM Books〉

本体1,800円　224 p　A5判　ISBN4-944163-12-6

ミュージアムスタディガイド

学習目標と学芸員試験問題集

Museum Studies: Self Study Guide

大堀　　哲　監修　　水嶋　英治　編著

学芸員は、何をどのように学べばいいのかを端的に、しかも参考書ふうにマネジメントから職業倫理観まで言及する。著者の、フランスのラ・ビレットや仏・国立文化財学院で博物館学を学んだ経験がこれまでの日本にはない博物館学についてのグローバルな見方となっている。ミュージアムって何？と興味を抱かれた方におすすめ。〈UM Books〉　　本体1,429円　144 p　A5判　ISBN4-944163-11-8

小林達雄対談集　ミュージアムの思想

小林　達雄　著

日本には多数のミュージアムがあるが、そこは本当にきちんと機能しているのだろうか。考古学者で縄文の第一人者である小林達雄氏（國學院大学教授）が各界の専門家たちと博物館や美術館のあるべき姿について語り合った。専門誌「月刊ミュゼ」で３年にわたって対談した内容に新たに脚注などを加えてまとめた。

〈UM Books〉　　本体1,429円　224 p　A5判　ISBN4-944163-10-X

ミュージアム・ショップ・ワークブック

ミュージアム・ストア協会編著

「月刊ミュゼ」編集部監修

安井　亮・高橋　楓子訳

ミュージアム・ショップの事業計画の立案から運営・事業の実際を、事業者の立場から解説する、まさに実践に即したテキストブック。ミュージアム・ストア協会で発行したワークブックを翻訳した。アメリカらしい簡潔明瞭な文章で書かれ読んで小気味よい。　本体19,048円　115 p　A4判　ISBN4-944163-00-2

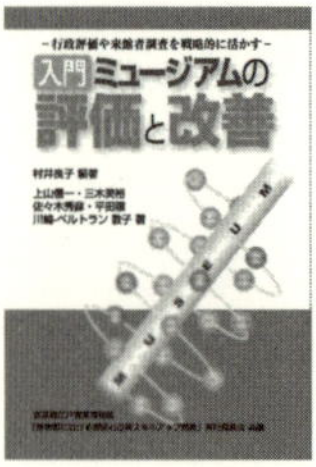

－行政評価や来館者調査を戦略的に活かす－

入門ミュージアムの評価と改善

東京都江戸東京博物館「博物館における評価と改善スキルアップ講座」実行委員会・編

村井良子編著　上山信一・川嶋－ベルトラン敦子・佐々木秀彦・平田穣・三木美裕 共著

東京都江戸東京博物館「博物館における評価とスキルアップ講座」（2001年3月15日〜17日）のセミナーをもとに、「ミュージアムにおける評価と改善」の現状と全体像を事例や理論、資料も充実させて紹介。博物館評価の最前線に立つ執筆陣が、博物館を評価するための知識や、評価や調査結果の戦略的な活かし方をわかりやすく伝える。市民との相互理解を深める、これからの博物館の必読書！

本体1,800円＋税　220 p　A5判　ISBN4-944163-23-1

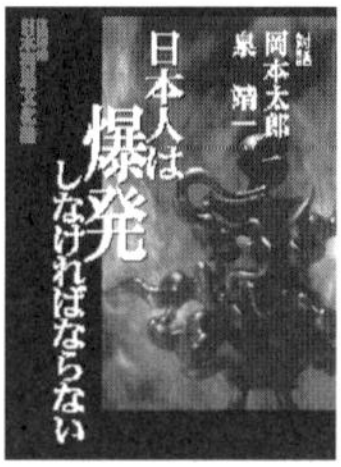

日本人は爆発しなければならない
復刻増補　日本列島文化論
岡本太郎・泉　靖一著

岡本太郎、幻の著書とされていた1970年刊行の『日本列島文化論　対話岡本太郎・泉靖一』。初版だけで絶版となっていた本書を脚注や解説、写真などを加えて復刻増補版とした。縄文、メキシコ、沖縄、東北の文化についての丁々発止のやりとりは痛快で、その論は現在でも新鮮な響きをもって読者を魅了するに違いない。万国博覧会の準備のさなかに行われた対談で、その時代背景も読むに興味深い。

本体1,800円　224p　A5判　ISBN4-944163-17-7

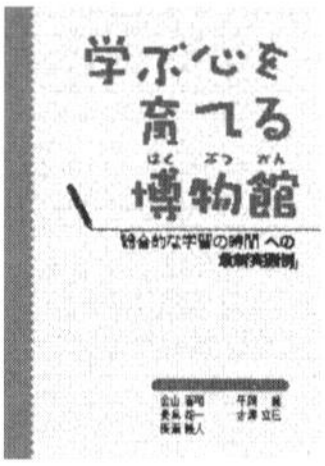

学ぶ心を育てる博物館
「総合的な学習の時間」への最新実践例
博物館と学校をむすぶ研究会編著
金山喜昭　平岡　健　長島雄一　古澤立巳　廣瀬隆人

2002年から始まる「総合的学習の時間」に教育現場はどう取り組むか。
博物館の現場の執筆者たちが、自らの体験を踏まえて博物館と学校教育の連携、融合を呼びかける。各地の20事例も授業のくみたてに参考になる。現場の教師、教員を目指す学生、博物館関係者などにぜったい力になる本。〈UM Books〉

本体1,500円　128p　A5判　ISBN4-944163-14-2

愛知のミュージアム　公式ガイドブック
愛知県博物館協会・名古屋市博物館　編

愛知県博物館協会に加盟する125館、非加盟館約125館の情報を満載。
愛知県博物館協会のワーキンググループが、展覧会「いこまい！愛知のミュージアム」の図録として編集した、公式ガイドブックがついに登場。

本体1,300円　224p　A5版変形　ISBN4-944163-20-7

牧野富太郎植物画集
高知県立牧野植物園
（財）高知県牧野記念財団　編著

高知県が生んだ世界的な植物分類学者牧野富太郎は日本の植物分類学の基礎を築き、植物学史に大きな足跡を残した。博士は植物図の才能にも秀でた。これら貴重な植物図を収蔵する牧野植物園が、博士が発見命名した植物を中心に精選した画集。巻末に解説あり。

本体1,500円　64p　A4判　ISBN4-944163-13-4

ミュージアムショップに行こう！
そのジャーナリスティック紀行
山下　治子　著

ミュージアムの王道からすれば、ミュージアム・ショップやグッズは枝葉末節かもしれない。しかし、ときにはその枝葉末節こそが主役になりうるのである。本書は、「月刊ミュゼ」の取材をもとに各地のミュージアム・ショップやグッズを紹介し、さらにもう一歩ジャーナリスティックに踏み込む紀行である。〈UM Books〉

本体1,600円　224p　A5判　ISBN4-944163-16-9

小林達雄監修　未完成考古学叢書

縄文時代の地域生活史
山本　典幸　著

五領ヶ台式土器様式の編年と系統、土器様式の類似性とコミュニケーションシステム、縄文土器の空間変異のあり方など、従来にない視点、緻密な論理の展開である。現代考古学研究の到達すべき一つの水準を示す。

本体2,500円　268p　B5判　ISBN4-944163-15-0

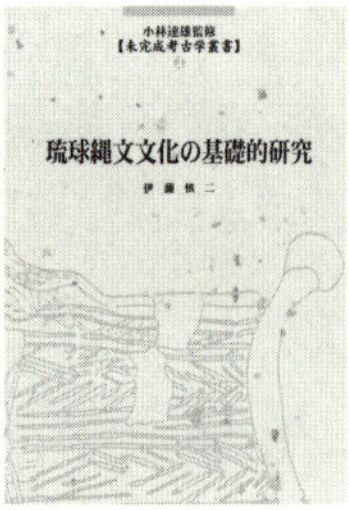

琉球縄文文化の基礎的研究
伊藤　慎二　著

琉球縄文文化、沖縄編年の諸問題など待望された琉球縄文研究の新境地。沖縄の縄文時代の歴史が、その後の琉球文化の言語学、民族学上の主体性確立へとつながるのかをも示唆する。

本体2,500円　190p　B5判　ISBN4-944163-18-5

縄文時代の生業と集落
小川　岳人　著

社会学、文化人類学、民俗学、民俗考古学などの成果から、縄文時代の生業・社会の解明に有効な方法論や具体的接近法を探る。縄文文化にかかわる主題が先史文化の汎人類的な問題として国際的な場でも充分議論に堪え得る縄文研究の新天地。

本体2,500円　176p　B5判　ISBN4-944163-19-3

石槍の研究
白石　浩之　著

旧石器時代から縄文時代草創期の石槍について、日本列島内から出土した多くの石槍の事例を現時点での可能な限りの網羅的集成を行い、これに基づいて、石槍に関する諸問題を整理しながら、石槍の出現時期の特定、編年、そして石槍の流通ネットワーク、加えて石槍を保有する社会の解明にまで踏み込んだ興味ある仮説を提示している。
石槍文化の具体的な内容の理解への接近の予察を果敢に提示しながら、今後の石槍研究の方向性を試みている点に大きな意義がある。

本体4,500円　B5判　440p　図版多数　ISBN4-944163-21-5